EL MUNDO DEL FIN

DR. DAVID JEREMIAH

Puede que no estemos en el fin del mundo,
pero estamos en...

EL MUNDO DEL FIN

Cómo las profecías de Jesús sobre los últimos tiempos moldean nuestras prioridades

GRUPO NELSON
Desde 1798

© 2022 por Grupo Nelson
Publicado en Nashville, Tennessee, Estados Unidos de América.
Grupo Nelson es una marca registrada de Thomas Nelson.
www.gruponelson.com

Este título también está disponible en formato electrónico.

Título en inglés: *World of the End*
© 2022 por el Dr. David Jeremiah
Publicado por Thomas Nelson

Thomas Nelson es una marca registrada de HarperCollins Christian Publishing, Inc.

Publicado en asociación con Yates & Yates, www.yates2.com.

Todos los derechos reservados. Ninguna porción de este libro podrá ser reproducida, almacenada en ningún sistema de recuperación, o transmitida en cualquier forma o por cualquier medio —mecánicos, fotocopias, grabación u otro—, excepto por citas breves en revistas impresas, sin la autorización previa por escrito de la editorial.

A menos que se indique lo contrario, todas las citas bíblicas han sido tomadas de la Santa Biblia, Versión Reina-Valera 1960 © 1960 por Sociedades Bíblicas en América Latina, © renovada 1988 por Sociedades Bíblicas Unidas. Usada con permiso. Reina-Valera 1960® es una marca registrada de la American Bible Society y puede ser usada solamente bajo licencia.

Las citas bíblicas marcadas «NBV» son de la Nueva Biblia Viva © 2006, 2008 por Biblica, Inc.® Usado con permiso de Biblica, Inc.® Reservados todos los derechos en todo el mundo.

Las citas bíblicas marcadas «RVC» son de la Santa Biblia, Reina-Valera Contemporánea® © Sociedades Bíblicas Unidas, 2009, 2011. Usada con permiso.

Las citas bíblicas marcadas «NBLA» han sido tomadas de la Nueva Biblia de las Américas © 2005 por The Lockman Foundation. Usada con permiso, www.NuevaBiblia.com.

Las citas bíblicas marcadas «NTV» son de la Nueva Traducción Viviente, © Tyndale House Foundation, 2010. Usada con permiso de Tyndale House Publishers, Inc., 351 Executive Dr., Carol Stream, IL 60188, Estados Unidos de América. Todos los derechos reservados.

Las citas bíblicas marcadas «RVA-2015» son de la Santa Biblia Reina Valera Actualizada, Copyright © 2015 por Editorial Mundo Hispano.

Las citas bíblicas marcadas «BLP» son de La Palabra (versión española) © 2010 Texto y Edición, Sociedad Bíblica de España.

Las citas bíblicas marcadas «DHH» son de la Biblia Dios Habla Hoy®, Tercera edición © Sociedades Bíblicas Unidas, 1966, 1970, 1979, 1983, 1996. Usada con permiso.

Las citas bíblicas marcadas «PDT» son de la Palabra de Dios para Todos © 2005 por el Centro Mundial de Traducción de la Biblia.

Las citas bíblicas marcadas «TLA» son de la Traducción en Lenguaje Actual © 2000 por Sociedades Bíblicas Unidas. Usada con permiso.

Las citas bíblicas marcadas «NBE» son de la Nueva Biblia Española © 1975 por la editorial Cristiandad.

Los sitios web, números telefónicos y datos de compañías y productos mencionados en este libro se ofrecen solo como un recurso para el lector. De ninguna manera representan ni implican aprobación ni apoyo de parte de Grupo Nelson, ni responde la editorial por la existencia, el contenido o los servicios de estos sitios, números, compañías o productos más allá de la vida de este libro.

Traducción: *Ricardo y Mirtha Acosta*
Adaptación del diseño al español: *Deditorial*

ISBN: 978-1-40024-156-9
eBook: 978-1-40024-157-6
Audio: 978-1-40024-158-3

Número de control de la Biblioteca del Congreso: 2022936883

Impreso en Estados Unidos de América
22 23 24 25 26 27 LSC 9 8 7 6 5 4 3 2 1

Dedicado a Rob Morgan
Mi fiel amigo

Contenido

Introducción

Nuestro mundo está muy mal, y a veces nosotros también nos sentimos igual de mal, ¿verdad? En nuestros mejores momentos sabemos que estamos cercados con la bendición de Dios, pero parece que batallamos poderosamente con ansiedades, miedos, resentimientos y desánimos. El caos en que se encuentra el mundo se filtra en nuestros corazones. Si lo permitimos, el miedo puede erosionar la fe.

¿Es eso cierto para ti? En ocasiones, ¡sin duda lo es para mí!

Por mi larga experiencia he comprobado que permanecer mentalmente sanos en un mundo que se viene abajo es nuestra tarea diaria, y no podemos hacerlo sin un cimiento espiritual optimista para nuestras vidas. ¡Necesitamos a Dios! Necesitamos a Cristo y sus enseñanzas. Necesitamos la morada del Espíritu Santo en nosotros. Además, necesitamos las Escrituras y sus profecías acerca del futuro.

En estas páginas deseo mostrar un panorama especial en la Biblia en el cual las enseñanzas de Cristo, la inspiración del Espíritu Santo y las palabras proféticas de Dios se unen en un capítulo emocionante que muy a menudo se pasa por alto.

Lo llamamos el Discurso del Monte de los Olivos.

Durante la última semana de su vida natural, Jesús se sentó con cuatro de sus discípulos en la cumbre del Monte de los Olivos. Allí, en la cima del monte, nuestro Señor desplegó el proyecto de los tiempos, el plan maestro para los últimos días.

Jesús comenzó con una predicción impactante, una que parecía totalmente improbable en ese momento. Afirmó que el enorme complejo del templo se derrumbaría pronto, ¡cada una de sus piedras! Entonces Jesús miró mucho más adelante, hacia el mundo del fin, y nos informó lo que sucedería en los peligrosos días antes de su regreso.

¡En nuestros días!

Este es el mensaje más importante sobre el futuro que jamás se haya pronunciado, y está registrado en Mateo 24 y 25, Marcos 13 y Lucas 21. (En este libro nos enfocaremos principalmente en los primeros versículos de Mateo 24).

Nuestro Señor sabe todo lo que ha sucedido y lo que sucederá. Conoce las cosas en su totalidad, por adelantado y en detalle; entiende el futuro hasta el infinito. Dios ya sabe todo lo que le ocurrirá a usted durante su propia vida, y en su Palabra ha ofrecido poderosas promesas para reasegurarle que estará presente y lo protegerá, y que él es quien ordena los días que usted viva.

El futuro de todo el mundo también está en las manos del Señor. Todas las frases en Mateo 24 están dirigidas a usted, si es hijo de Dios por medio de Jesucristo, y tienen el objetivo de darle información, anticiparle lo que va a pasar y motivarle.

Cuando captamos el mensaje del Monte de los Olivos, nuestros planes y nuestras prioridades cambiarán. Nuestra visión se desplazará de lo inmediato a lo fundamental. Veremos los titulares actuales a la luz de los alborozos del regreso de Jesús. Tendremos mejores pensamientos, sentiremos emociones más sanas, responderemos con mejores reacciones y haremos mejores cosas.

Entonces, la profecía de Cristo debe determinar nuestras prioridades.

He pasado mi vida adulta estudiando las profecías bíblicas, pero nunca he estudiado Mateo 24 con mayor intensidad que al preparar este libro. Para ser sincero, parece que he tenido más oposición espiritual de lo habitual mientras escribía esta obra. El diablo no quiere que conozcamos el Discurso del Monte de los Olivos. Pero Satanás ya está derrotado, y su futura condenación ya está determinada.

Aquel que pronunció las palabras en los Olivos gobierna sobre los asuntos de las naciones, y está movilizando implacablemente los acontecimientos de la tierra hacia el inminente arrebatamiento de la iglesia: las últimas batallas de la historia, el esplendor del regreso de Jesús, la revelación de su reino y los deslumbrantes nuevos cielos, nueva tierra y la nueva ciudad de Jerusalén.

No debemos estar tristes por nuestra política o por nuestros problemas globales. Ni siquiera tenemos que conformarnos con que nos adaptemos a los tiempos. Tenemos una esperanza tan segura como la luz del sol, tan perdurable como las Escrituras y tan gloriosa como el poderoso trono del cielo.

En *El mundo del fin* quiero mostrar el modo en que nuestras prioridades y estilos de vida deben alinearse con estas poderosas palabras de Cristo, que resuenan a lo largo de la historia de esa cumbre cubierta de olivos. Por eso, he procurado hacer que este libro sea tan práctico como una caja de herramientas.

En el primer capítulo describiré el dramático escenario y el contexto en que Jesús pronunció su profecía. Los capítulos siguientes explicarán un acontecimiento tras otro en la lista de señales de los tiempos predichos por nuestro Señor: surgirán engañadores; aumentarán las guerras y los rumores de guerras; asolarán al mundo desastres tales como pestes, hambres y terremotos; y el pueblo de Dios enfrentará creciente persecución, traición, anarquía y falta de amor. A pesar de todo eso, el evangelio se extenderá hasta lo último de la tierra y Cristo regresará justo a tiempo.

Aquellos que sigan adelante por Cristo, quienes perseveren hasta el fin, serán héroes a los ojos del Señor.

Por eso debemos volver a consagrarnos a nuestro Rey venidero en cada área y actividad de la vida. Con la ayuda de él podremos mantener la calma. Podremos permanecer confiados y bien preparados. Serviremos con fidelidad poco común y amor incondicional. Mientras defendamos la causa de su cruz, nos sostendrá el poder de su resurrección. A medida que llevemos su evangelio al mundo, resistiremos hasta el final.

La última parte de cada capítulo de este libro tiene un plan de juego de estrategias viables para responder al mundo del fin. No estamos indefensos. Podemos tener control limitado de lo que ocurre en nuestro mundo, pero tenemos extraordinaria autoridad en Cristo para determinar el modo en que reaccionamos. No estamos a merced de las circunstancias, sino facultados por la gracia de Dios con el fin de aprovechar los sucesos de la vida para Cristo y su reino.

El doctor David Osborn, profesor emérito de liderazgo cristiano en Denver Seminary, afirma: «Con demasiada frecuencia tratamos de usar a Dios para cambiar nuestras circunstancias, mientras que él usa nuestras circunstancias para cambiarnos».[1]

En las páginas siguientes usted también encontrará muchas historias y ejemplos. No están aquí para entretener. He seleccionado cada narrativa como una ilustración a fin de poner diariamente en práctica las verdades de la profecía bíblica que Jesús nos detalló.

¡No olvidemos que la profecía es práctica!

Dios nos permite conocer sus planes para el futuro con el fin de que podamos establecer nuestros planes para el día de hoy. Sus promesas deberían moldear nuestras prioridades y sustentar nuestros espíritus. Billy Graham manifestó: «Cuando llega el "día malo", no tenemos que depender de las circunstancias que nos rodean, sino de los recursos de Dios».[2]

Los cristianos no somos seres normales, sino personas extraordinarias que vivimos con poder sobrenatural en un mundo en espiral descendente. Tenemos la misión de ayudar a otros y de extender la esperanza del evangelio. Hay una obra gloriosa que debemos llevar a cabo.

No podemos seguir operando con confusión o complacencia. Los últimos días se están acelerando, y esto para mí es emocionante. Pongámonos en pie como nunca antes con determinación bíblica e inspirada por el Espíritu, comprometidos en servir a Cristo con todo nuestro corazón, ya sea con la vida o con la muerte.

Esto lo sé con toda mi mente y lo creo con todo mi corazón: el tiempo es corto. Las palabras de nuestro Señor son inquebrantables e infalibles; deben dar forma a nuestras prioridades y energizar nuestros planes. A medida que estudiamos el gran sermón de nuestro Señor, cada palabra subraya nuestra misión. Cada sílaba establece nuestras gloriosas prioridades mientras esperamos su inminente regreso, esa bendita esperanza, y declaramos así: *Amén; sí, ven, Señor Jesús* (Apocalipsis 22:20).

Capítulo 1

La profecía

Cuando Jesús salió del templo y se iba, se acercaron sus discípulos para mostrarle los edificios del templo. Respondiendo él, les dijo: ¿Veis todo esto? De cierto os digo, que no quedará aquí piedra sobre piedra, que no sea derribada. Y estando él sentado en el monte de los Olivos, los discípulos se le acercaron aparte, diciendo: Dinos, ¿cuándo serán estas cosas, y qué señal habrá de tu venida, y del fin del siglo?

MATEO 24:1-3

«Y así son las cosas».

Sentado detrás de su escritorio en *CBS Evening News*, Walter Cronkite pronunció por última vez esa icónica despedida el 6 de marzo de 1981. Ese momento puso fin a una increíble carrera periodística que abarcó cuarenta y seis años, tres grandes guerras (cuatro si se cuenta la Guerra Fría), el movimiento por los derechos civiles, los asesinatos de John F. Kennedy y Martin Luther King hijo, el escándalo Watergate, y miles de transmisiones nocturnas.

En el punto álgido de su carrera, Cronkite hablaba a veintinueve millones de espectadores cada noche. Comunicaba las noticias del día con honestidad, imparcialidad y una equilibrada frialdad que ayudaba a sus espectadores a permanecer tranquilos incluso en medio de las circunstancias más inciertas.

Lo que tal vez sea lo más notable acerca de Walter Cronkite es que entendía la posición que ocupaba dentro de la cultura, y la tomaba en serio. A menudo describía su papel como el de alguien a quien se le pedía «sostener el espejo, para contar y mostrar al público lo que sucedió». Eso era todo. Sin inundar las pantallas de televisión con opiniones. Sin presionar al público para que se moviera en esta o aquella dirección. Simplemente decía la verdad respecto a los hechos, y al hacerlo así ayudaba a millones a encontrar su lugar en este mundo.

Ante esta realidad, tal vez no sea sorprendente que Cronkite fuera identificado a menudo como «el hombre más confiable de Estados Unidos».[1]

Por desgracia, hoy día no hay Walter Cronkites, ninguna voz o equipo de voces en quien la mayoría de nosotros confiemos en que nos digan lo que necesitamos saber. Por el contrario, nuestro mundo está repleto de innumerables pronosticadores y creadores de predicciones, listos para expresar sus opiniones. Eso incluye aproximadamente dos millones de radiodifusores multimedia, seiscientos mil periodistas, casi cuatrocientas redes noticiosas de veinticuatro horas al día e innumerables ministros, todos reclamando nuestra atención y atribuyéndose exactitud y autoridad sobre lo que está sucediendo hoy y lo que puede acontecer mañana.

Escuchamos muchas voces. Muchos argumentos. Muchas especulaciones. Todos tienen una teoría o una idea. Todos presionan alguna perspectiva sobre el mundo, incluso en cuanto a lo que nos espera en el futuro.

El clamor es más fuerte que nunca porque todos tenemos la sensación de estar viviendo en tiempos de muerte súbita. No es sino hasta nuestra propia generación que la tecnología ha proporcionado muchas maneras potenciales de acabar con la humanidad. Si se busca en línea la frase «el fin del mundo», no se encontrarán sermones ni predicadores, sino charlas de científicos, estadistas, médicos, físicos y sabios seculares.

En medio de todo este ruido, me gustaría sugerir que existe una perspectiva en que debemos confiar más que en cualquier otra, un plan que debemos preferir sobre todos los demás, y una opinión que debemos valorar más que todas las voces en la tierra. Entre los miles de mensajes que piden a gritos nuestra atención, solo hay una voz que debemos escuchar.

La voz del Señor Jesucristo. Él es el Espejo que puede mostrarnos no solamente lo que está ocurriendo en el mundo, sino por qué está ocurriendo, y lo que ocurrirá después.

Usted podría preguntar: «¿Pero qué tiene Jesús que decir acerca del futuro?».

¡Muchísimo! A usted podría sorprenderle descubrir que uno de los mensajes más largos de Jesús registrados en el Nuevo Testamento tiene que ver con el futuro.

Con nuestro futuro, el suyo y el mío.

Los Evangelios de Mateo, Marcos y Lucas incluyen una sección a la que a menudo se le hace referencia como el Discurso del Monte de los Olivos (Mateo 24, Marcos 13, Lucas 21). A ese pasaje se le llama así porque Jesús respondió las preguntas de cuatro de sus discípulos (Pedro, Santiago, Juan y Andrés) cuando se hallaban en el Monte de los Olivos (Marcos 13:3). También conocido como el Olivar, esta zona es una cumbre al oriente de Jerusalén con vista a la ciudad. Se trata de un lugar que Jesús visitaba con frecuencia para descansar y refugiarse.

Menos de cincuenta días después de su sermón en el Monte de los Olivos, Jesús ascendió al cielo desde esa misma montaña, quizás desde el mismo lugar en que había predicado. Y a ese mismo lugar es que regresará pronto a la tierra (Hechos 1:12; Zacarías 14:4).

He visitado muchas veces el Monte de los Olivos. Incluso hoy día ofrece una de las vistas más impresionantes del mundo, en especial cuando el sol de la mañana proyecta su brillo a través de la ciudad dorada con sus inquietantes muros, sus edificios de piedra caliza, sus monumentos antiguos, sus campanarios, sus torres y sus minaretes. Dominándolo todo está el polvorín de quince hectáreas conocido como al-Haram al-Sharif para los musulmanes y como el Monte del Templo para judíos y cristianos. Siempre que lo visito, instintivamente pienso en el gran sermón de nuestro Señor acerca de las señales de los tiempos y el fin de la era.

Es curioso que muchas de las laderas del Monte de los Olivos están ahora cubiertas de tumbas de concreto. Los judíos fieles quieren ser enterrados allí para estar cerca cuando el tan esperado Mesías llegue y entre por la Puerta Oriental de Jerusalén. Nadie sabe cuántas personas están sepultadas allí, pero la cantidad puede ascender a ciento cincuenta mil, incluido el finado primer ministro israelí Menachem Begin.

En la época de nuestro Señor las laderas estaban cubiertas con olivares, y el mensaje que Jesús dio a sus discípulos en ese día histórico es, al igual que el olivar, antiguo, sólido, fructífero y muy necesario.

El Discurso del Monte de los Olivos es el segundo mensaje más largo de nuestro Señor registrado en Mateo. El único que lo supera en extensión es el Sermón del Monte (Mateo 5–7), el cual fue un sermón público entregado al principio del ministerio terrenal de Cristo. En cambio, el Discurso del Monte de los Olivos fue un mensaje privado al final de su ministerio terrenal.[2]

Aunque el Discurso del Monte de los Olivos es el segundo sermón más largo de Jesús en el Evangelio de Mateo, se sitúa en primer lugar en otra categoría. Ocupa más espacio que cualquier otra charla de Jesús en toda la Biblia, si se tiene en cuenta que está relatado en Mateo, Marcos y Lucas. Solo en Mateo ocupa dos capítulos.

Mi amigo y predecesor, el doctor Tim LaHaye expresó esto sobre las palabras de Jesús: «El Discurso del Monte de los Olivos, pronunciado poco antes de la crucifixión de Jesús, es el pasaje profético más importante de toda la Biblia. Su importancia radica en que vino de Jesús mismo inmediatamente después de que fuera rechazado por su propio pueblo, y en que proporciona el esquema maestro de los acontecimientos del fin de los tiempos».[3]

El entorno de la profecía

Mateo da inicio a la profecía bíblica del Señor con estas palabras: «Cuando Jesús salió del templo y se iba, se acercaron sus discípulos para mostrarle los edificios del templo» (24:1).

Ingresemos a la máquina del tiempo de nuestras imaginaciones y viajemos hasta el tiempo y el lugar de Mateo 24. La semana de la Pascua habría sido a principios de abril, antes que las temperaturas alcanzaran sus agobiantes máximos de verano. Jesús y sus discípulos habían caminado con multitudes de peregrinos de Galilea, y todos se sentían eufóricos.

Todos, con excepción, quizás, de Jesús, quien «salió con determinación hacia Jerusalén» (Lucas 9:51, NTV) en este último viaje.

Por el camino, el Señor intentó preparar a sus discípulos para el inminente trauma del arresto, el juicio, la tortura, la muerte y la resurrección que padecería. Pero esto era más de lo que las mentes de ellos podían absorber. ¿Quién puede culparlos? Un Mesías crucificado no era parte de lo que imaginaban. En lugar de eso, esperaban pronto sentarse a la mano derecha e izquierda cuando él cumpliera las promesas del Antiguo Testamento respecto al reino venidero (Mateo 20:21).

El Señor y sus compañeros atravesaron el valle del Jordán hasta Jericó, donde él devolvió la vista a dos mendigos ciegos (Mateo 20:29-34). Luego ascendieron por el camino antiguo de Jericó, subiendo hacia la parte trasera del Monte de los Olivos. Cuando llegaron a Betania, Jesús visitó a unos amigos que vivían allí. María y Marta prepararon una cena, y sin duda Lázaro volvió a agradecerle a Jesús por restaurarle la vida. María le ungió los pies con perfume, y la casa se llenó con esa fragancia (Juan 12:1-7).

Nuestro Señor contaba con menos de una semana de vida.

Cuando los invitados galileos se despertaron el domingo por la mañana, subieron por el costado oriental del Monte de los Olivos hacia la cima, y entonces Jesús les pidió a sus discípulos que trajeran un pollino. En marcado contraste con la multitud de Jerusalén que lo rechazaría en unos cuantos días más, grandes multitudes de peregrinos de Galilea lo recibieron cantando: «¡Hosanna al Hijo de David! ¡Bendito el que viene en el nombre del Señor! ¡Hosanna en las alturas!» (Mateo 21:9). Jesús entró brevemente al templo antes de regresar a Betania en la noche.

El lunes por la mañana, Jesús maldijo a una higuera estéril en su camino de regreso a la Ciudad Santa (Marcos 11:12-14). Más tarde ese mismo día causó un gran revuelo en el templo al voltear las mesas de los cambistas (Marcos 11:15-18). Los principales sacerdotes y escribas se enfadaron tanto con Jesús que querían matarlo. El lunes por la tarde él regresó a Betania con los doce discípulos al fin de pasar allí la noche.

Eso nos lleva al día de la gran profecía de Jesús. El martes por la mañana regresó al templo. Allí pronunció una severa reprimenda a los dirigentes judíos y a la nación de Israel. ¿Ha estado usted en un lugar público al estallar una discusión violenta, de la clase en que las conversaciones cesan y la atención de todos los presentes se centra en el conflicto? Hoy día las personas sacarían sus teléfonos móviles para grabar la escena. Mateo no tenía un teléfono móvil, pero usted no puede leer su relato sin imaginar lo que pasaba ni sentir la tensión.

Las mordaces palabras de Jesús están registradas en Mateo 21–23. El mismo Señor que comenzó su ministerio de enseñanza con una serie de bienaventuranzas («Bienaventurado sois») en Mateo 5, concluyó su ministerio público con una serie de maldiciones («ay de vosotros») en Mateo 23.

El comentarista bíblico John Walvoord escribió:

> Como Cristo lidió con la apostasía espiritual, teológica y moral en su día en Mateo 23, pronunció la denuncia más mordaz de la religión falsa y la hipocresía que se encuentra en cualquier lugar. Él llama hipócritas a los escribas y fariseos no menos de siete veces (Mateo 23:13, 14, 15, 23, 25, 27, 29). Los llama ciegos cinco veces (Mateo 23:16, 17, 19, 24, 26), los etiqueta como tontos dos veces (Mateo 23:17, 19), los describe como sepulcros blanqueados (Mateo 23:27), serpientes o culebras, hijos de víboras venenosas (Mateo 23:33), y declara que están en peligro de ir al infierno. Sería difícil encontrar expresiones más mordaces que estas palabras de Cristo usadas para caracterizar la religión de su época.[4]

Jesús habló con ira justa, y sus duras palabras condenaron a los dirigentes judíos y a su nación por rechazarlo. Al mismo tiempo, el corazón de él se destrozaba. ¡Esta gente era su pueblo! Amaba a estas personas y a la ciudad de Jerusalén. Al mirar por sobre la casas, calles y edificios que cubrían las colinas y los profundos barrancos de esa antigua capital judía, Jesús lloró, exclamando:

> ¡Jerusalén, Jerusalén, que matas a los profetas, y apedreas a los que te son enviados! ¡Cuántas veces quise juntar a tus hijos, como la gallina junta sus polluelos debajo de las alas, y no quisiste! He aquí vuestra casa os es dejada desierta. Porque os digo que desde ahora no me veréis, hasta que digáis: Bendito el que viene en el nombre del Señor. (Mateo 23:37-39)

Lo último que Jesús hizo antes de salir del templo la tarde del martes fue sentarse frente al tesoro del templo y observar cómo la gente diezmaba y ofrendaba. Observó a los ricos dando mucho, pero una viuda pobre solo dio sus dos moneditas de muy poco valor (Marcos 12:41-44).

El martes llegaba a su fin. Solo quedaban tres días. Con tal vez una conmovedora mirada hacia sus espaldas, Jesús salió del templo, simbolizando la retirada de la presencia de Dios de ese lugar sagrado (Mateo 24:1). Tristemente descendió las gradas, dejando el monte donde su pueblo debió recibirlo. No lo verían más hasta que estuvieran listos para declarar: «Bendito el que viene en el nombre del Señor» (Mateo 23:39).

Ahí es cuando los discípulos se dieron la vuelta y le comentaron a Jesús: «¡Maestro, mira! ¡Qué piedras más impresionantes! ¡Qué edificios!» (Marcos 13:1, NBV).

Hay muchas conjeturas sobre por qué los discípulos eligieron ese momento para obsesionarse con los edificios del templo. Confieso que no estoy seguro de la causa. Quizás se debió a que la esterilidad de sus vidas internas había quedado al descubierto. En otras palabras, sus vidas espirituales podrían haber estado vacías, pero seguramente estaban orgullosos de los hermosos edificios que habían construido.

Es posible que los discípulos quisieran distraer a Jesús y a ellos mismos del agotamiento emocional que habían experimentado.

Quizás el sol, bajo en el horizonte, enviaba cascadas doradas a través de las piedras y las columnas, y ellos simplemente estaban asombrados por la belleza de lo que veían.

Tal vez no sepamos exactamente lo que los discípulos estaban pensando acerca del templo ese martes por la tarde, pero está muy claro lo que Jesús pensaba al respecto. Es sorprendente que él pasara toda la semana anterior a la cruz enfocado en el templo y la corrupción que allí se generaba. El templo se había convertido en un lugar de codicia financiera, donde la falsa religión y la hipocresía abundaban y donde despojaban a las viudas pobres. El pueblo de Dios se había burlado del templo y de su mismo propósito, por lo que pronto vendría el juicio. Jesús estaba harto.

El objeto de la profecía

Jesús respondió al asombro de los discípulos por los edificios del templo sentándose con ellos en el Monte de los Olivos (Mateo 24:2-3). En esa cultura, sentarse era la posición de un maestro que daba una lección muy importante. Este es el último sermón prolongado en el Evangelio de Mateo, y es la lección más importante de Jesús acerca del fin de la historia. Se puede leer todo el mensaje en Mateo 24 y 25.

Desde su posición ventajosa en el Monte de los Olivos, Jesús y sus discípulos tenían una vista asombrosa de Jerusalén y del complejo del templo. Fue allí, en ese lugar y momento, que Jesús hizo una impactante predicción acerca del futuro.

La predicción profunda

En Mateo 24:2, Jesús manifestó: «¿Veis todo esto? De cierto os digo, que no quedará aquí piedra sobre piedra, que no sea derribada».

¿Qué estaba haciendo Jesús cuando predijo la destrucción total del templo de Jerusalén? ¡No nos atrevamos a perder el significado de esto!

Sus palabras fueron sobrecogedoras y definitivas porque él pretendía mostrarnos su infalibilidad como profeta. Expresó algo tan profundo que difícilmente podía creerse, pero tan histórico que posteriormente no se podría negar. Jesús estaba dando una predicción específica que se cumpliría al pie de la letra, y que ningún historiador puede rebatir ahora. El Señor previó la próxima destrucción total de todo lo que estaban viendo: toda la serie de edificios sobre el Monte del Templo.

Esta no era la primera vez que Jesús había profetizado la destrucción del templo. Cuando reprendió a los judíos por la incredulidad de ellos un capítulo antes, Jesús les advirtió: «¡Miren cuán desolada se queda la casa de ustedes!» (Mateo 23:38, RVC).

Jesús también hablaba acerca de la ciudad de Jerusalén, y en particular del templo, cuando expresó esto el día de su entrada triunfal:

> ¡Oh, si también tú conocieses, a lo menos en este tu día, lo que es para tu paz! Mas ahora está encubierto de tus ojos. Porque vendrán días sobre ti, cuando tus enemigos te rodearán con vallado, y te sitiarán, y por todas partes te estrecharán, y te derribarán a tierra, y a tus hijos dentro de ti, y no dejarán en ti piedra sobre piedra, por cuanto no conociste el tiempo de tu visitación. (Lucas 19:42-44)

El complejo del templo que Jesús señaló al otro lado del valle del Cedrón fue construido en el mismo lugar del gran templo de Salomón, el cual se describe en el Antiguo Testamento. Esa edificación fue destruida por los ejércitos de Babilonia en el año 586 a. C, y después fue reemplazado por un templo más pequeño, que se describe en el libro de Esdras.

EL TEMPLO: LA MORADA DE DIOS

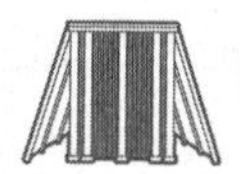

El tabernáculo mosaico (1445 a. C.)
Éxodo 25–31, 40

El templo de Salomón (966–586 a. C.)
2 Crónicas 2–3

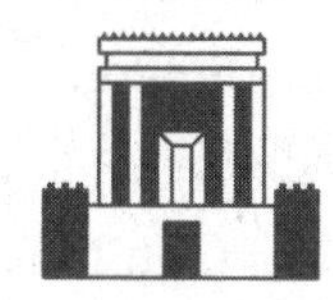

Templo de Zorobabel (520 a. C.)
Esdras 6

Templo de Herodes (20 a. C.–70 d. C.)
Lucas 21:5; Juan 2:20; Marcos 13:1

El templo de la tribulación
Daniel 9:27; Mateo 24:15-16; 2 Tesalonicenses 2:3-4

El templo milenial
Ezequiel 40–48

El templo eterno
Apocalipsis 21:22

Herodes el Grande comenzó a renovar este templo más pequeño antes del nacimiento de Jesús. En realidad fue más que una renovación. Herodes creó una de las maravillas del mundo antiguo. El proceso de reconstrucción había durado más de cuarenta años hasta ese momento y no se completó hasta el año 64 d. C. Jesús estaba contemplando al otro lado del valle una magnífica estructura construida de piedras que pesaban muchas toneladas, algunas de ellas de casi siete metros de largo y cuatro de alto. Fueron talladas en canteras debajo y alrededor de la ciudad de Jerusalén, y las cortaron exactamente a la medida. Con mucho trabajo, usando rodillos y rampas de tierra para levantarlas a la altura adecuada, esas piedras fueron encajadas en los edificios del templo sin necesidad de mortero.

Herodes trató de rivalizar con Salomón en cumplir la predicción de Hageo de que el último templo sería más grandioso que el primero (Hageo 2:9). Empleó a diez mil obreros hábiles junto con mil sacerdotes, todos conocedores del trabajo fino en madera y piedra. Herodes duplicó el área original del monte del templo al construir enormes muros de apoyo y nivelar el terreno. Este complejo renovado del templo se convirtió en una fuente de orgullo para los judíos de todo el mundo.[5]

El historiador Josefo describió el complejo del templo como «la más admirable de todas las obras que hemos visto o de las que hemos oído hablar, tanto por su curiosa estructura como por su magnitud, y también por la enorme riqueza que se le entregó y la gloriosa reputación que tenía respecto a su santidad».[6]

Los rabinos declaraban: «Quien no ha visto el templo en todo su esplendor nunca ha visto un edificio hermoso».[7]

El templo fue uno de los edificios más costosos, majestuosos e importantes del mundo.

Pero no lo fue por mucho tiempo. En unas breves palabras, Jesús hizo una profunda predicción, que debió haber dejado atónitos a los cuatro discípulos que la escucharon y a los tres discípulos que la relataron para nosotros en sus Evangelios.

El resultado exacto

Mientras que Lucas 19 nos proporciona una descripción de la destrucción de Jerusalén, el historiador del primer siglo Josefo también nos ofrece un registro detallado de cómo se cumplió la profecía de Jesús sobre el templo. Se cumplió hasta la última letra y literalmente hasta la última piedra.[8]

Avancemos rápidamente hasta el año 70 d. C. En respuesta a una insurgencia judía en toda Judea, el general romano Tito colocó enormes andamiajes de madera alrededor de los muros de los edificios del templo, una táctica nunca antes utilizada. Apiló los andamiajes con más madera y otros objetos inflamables, y les prendió fuego. El intenso calor debilitó la estructura del templo, y los romanos pudieron desprender las gigantescas piedras, arrancándolas una por una y arrojándolas al valle abajo. Después los soldados rebuscaron entre los escombros que quedaron en el templo a fin de recuperar todo el oro que se había derretido en las humeantes ruinas. Todo lo que quedó en el sitio fue arrasado hasta los muros de contención, tal como Jesús había predicho.[9]

¿Cuáles son las posibilidades de que Jesús pudiera «acertar» con precisión respecto a que un enorme y muy honrado templo fuera destruido en unas cuantas décadas? ¿Cuál es la posibilidad de que su «suposición» pudiera ser exacta hasta en el mismo detalle de las piedras? La probabilidad estadística aturde la mente. Pero cuando Jesús habla, las probabilidades no significan nada. Lo que él predice se hace realidad. Lo que profetiza sucede, precisamente como afirma que sucederá.

Y así, menos de cuarenta años después del mensaje de nuestro Señor, el templo desapareció. Hoy día la ubicación es un recinto amurallado dentro de la Ciudad Antigua de Jerusalén. En el suroeste se encuentra el Muro Occidental, el muro de contención del monte del templo de Herodes. Los visitantes de las escalinatas del sur del monte del templo aún pueden ver algunas de las enormes piedras esparcidas como gigantescos bloques de construcción.

¿Por qué me detengo en ese momento histórico? Porque una de las claves para comprender las palabras de Jesús respecto al mundo del final de la historia es entender que sus profecías se cumplieron exactamente como dijo que se cumplirían. Son precisas. Y nada ilustra esa verdad más poderosamente que la profecía de Jesús relacionada con la destrucción del templo de Herodes.

Esa profecía es el preludio al Discurso del Monte de los Olivos, y nos permite verificar la veracidad de las palabras que Jesús pronunció ese día. Debido a que sus palabras, por inverosímiles que parecieran en el momento, se cumplieron exactamente en la historia pasada, podemos confiar plenamente en el resto de lo que él declaró acerca del futuro. Podemos tener plena confianza en su cumplimiento exacto.

Tal vez motivados por las contundentes promesas de Jesús, los discípulos respondieron haciéndole dos preguntas: «Dinos, ¿cuándo serán estas cosas, y qué señal habrá de tu venida, y del fin del siglo?» (Mateo 24:3).

En Mateo 24:4-8, Jesús empezó a responder describiendo el grupo inicial de lo que a menudo llamamos «las señales de los tiempos», o las cosas que sucederán justo antes de que él regrese. Dedicaremos el resto de este libro a estudiar esta revelación en detalle:

> Mirad que nadie os engañe. Porque vendrán muchos en mi nombre, diciendo: Yo soy el Cristo; y a muchos engañarán. Y oiréis de guerras y rumores de guerras; mirad que no os turbéis, porque es necesario que todo esto acontezca; pero aún no es el fin. Porque se levantará nación contra nación, y reino contra reino; y habrá pestes, y

hambres, y terremotos en diferentes lugares. Y todo esto será principio de dolores.

El secreto de la profecía

El secreto para entender la profecía de nuestro Señor se encuentra en esa última palabra, que se tradujo «dolores» en la Versión Reina Valera de 1960. El término griego usado en Mateo 24:8 es *odin*, que literalmente significa dolores de parto, las contracciones que empiezan y aumentan durante el nacimiento de un bebé.

Tales contracciones ocurren cuando los músculos del útero de una mujer se tensan y se relajan, lo cual prepara su cuerpo para dar a luz. Al principio, estas contracciones pueden ser bastante suaves e irregulares. Pero a medida que se acerca el parto, las contracciones se vuelven más fuertes, más seguidas, más regulares y más dolorosas. Cuando las contracciones son rápidas e intensas, lo mejor es llevar rápidamente a la mujer al hospital o dará a luz en el asiento trasero del auto.

El apóstol Pablo utilizó la misma figura retórica cuando analizó el regreso de Cristo con los creyentes en Tesalónica, declarando: «Pero acerca de los tiempos y de las ocasiones, no tenéis necesidad, hermanos, de que yo os escriba. Porque vosotros sabéis perfectamente que el día del Señor vendrá así como ladrón en la noche; que cuando digan: Paz y seguridad, entonces vendrá sobre ellos destrucción repentina, como los dolores a la mujer encinta, y no escaparán» (1 Tesalonicenses 5:1-3).

La época que Jesús describió en Mateo 24 también «se describe en el libro de Apocalipsis cuando los sellos de los juicios se desarrollen, tal vez durante un período de varios años (véase 6:1–8:1-6), los juicios de las trompetas durante un tiempo mucho más corto, quizás semanas (véase 8:7–8:21; 11:15-19), y los juicios de las copas durante un período de tal vez pocos días o incluso horas (véase 16:1-21)».[10]

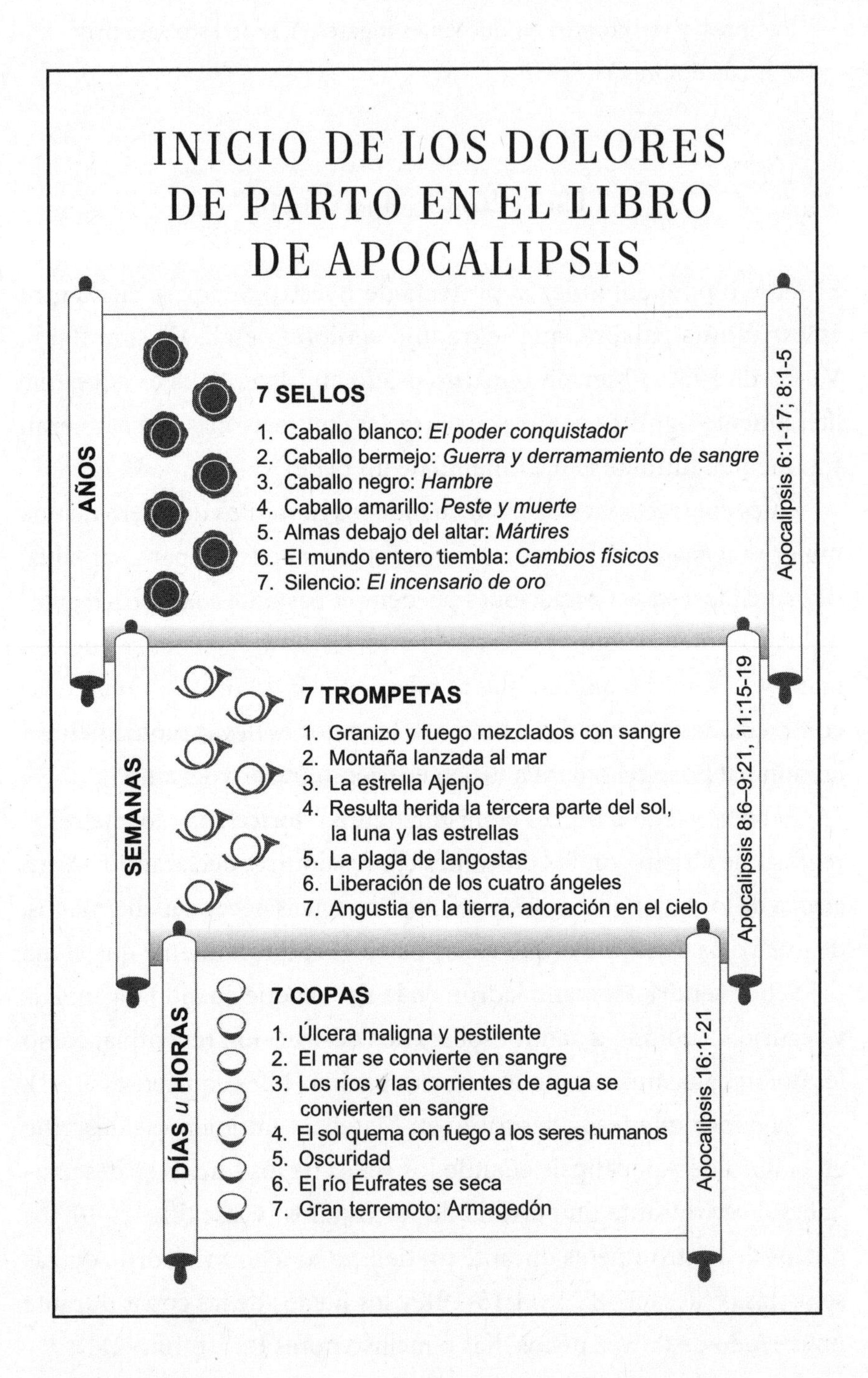
INICIO DE LOS DOLORES DE PARTO EN EL LIBRO DE APOCALIPSIS
AÑOS
7 SELLOS
1. Caballo blanco: *El poder conquistador*
2. Caballo bermejo: *Guerra y derramamiento de sangre*
3. Caballo negro: *Hambre*
4. Caballo amarillo: *Peste y muerte*
5. Almas debajo del altar: *Mártires*
6. El mundo entero tiembla: *Cambios físicos*
7. Silencio: *El incensario de oro*
Apocalipsis 6:1-17; 8:1-5
SEMANAS
7 TROMPETAS
1. Granizo y fuego mezclados con sangre
2. Montaña lanzada al mar
3. La estrella Ajenjo
4. Resulta herida la tercera parte del sol, la luna y las estrellas
5. La plaga de langostas
6. Liberación de los cuatro ángeles
7. Angustia en la tierra, adoración en el cielo
Apocalipsis 8:6–9:21, 11:15-19
DÍAS *u* HORAS
7 COPAS
1. Úlcera maligna y pestilente
2. El mar se convierte en sangre
3. Los ríos y las corrientes de agua se convierten en sangre
4. El sol quema con fuego a los seres humanos
5. Oscuridad
6. El río Éufrates se seca
7. Gran terremoto: Armagedón
Apocalipsis 16:1-21

Lo que Jesús quiere que sepamos mientras analizamos el resto de su sermón es esto: los acontecimientos que van a suceder en el futuro no serán experiencias repentinas. Ocurrirán como los dolores de parto, con la frecuencia e intensidad de cada hecho, y aumentarán gradualmente. Cuando observamos ese patrón en el mundo, descubrimos el secreto para entender las señales de los tiempos.

La magnitud de la profecía

Wilbur Smith, un destacado erudito de la generación anterior, llamó al Discurso del Monte de los Olivos el discurso más olvidado de Jesucristo. Pienso que tenía razón, y creo saber por qué.

Algunas de las personas que han escrito sobre este tema han sepultado en la historia este mensaje de Jesús. En otras palabras, quieren hacernos creer que todo lo que el Señor dijo a sus discípulos se cumplió en el año 70 d. C., cuando Tito destruyó Jerusalén. Varios de estos escritores incluso han tratado de convencernos de que la segunda venida de Cristo ocurrió en el año 70 d. C.

Otros creen que las palabras de Jesús no tienen nada que ver con el mundo actual. Adoptan un planteamiento doble: (1) Lo que Jesús expresó respecto a la destrucción del templo ya sucedió, y (2) el resto de la profecía del Señor no se cumplirá hasta que la iglesia sea quitada durante el arrebatamiento. Esta era realmente mi opinión cuando estudiaba en el seminario.

Pero con el paso de los años he llegado a creer que estas palabras de Jesús son para nosotros hoy día. Son para mí, y son para usted.

Tal vez en el seminario yo no estaba escuchando con tanto cuidado como debí haberlo hecho, porque el presidente de ese instituto en esa época era John Walvoord, uno de nuestros más respetados estudiosos de profecía. Esto es lo que él escribió acerca del

Discurso del Monte de los Olivos, y se alinea con mis propias convicciones actuales:

> Las palabras de Cristo a sus discípulos en el Monte de los Olivos pronunciadas poco antes de su muerte tienen un dramático significado contemporáneo. Cristo respondió en este discurso las preguntas de sus discípulos con relación a las señales del fin de la era y de su segunda venida. La revelación se vuelve cada vez más vital para entender el significado de los acontecimientos que están ocurriendo hoy. [...] Un estudio de estas profecías nos ayudará a comprender los titulares de nuestros periódicos actuales.[11]

En su libro *Prophecy Made Plain* [La profecía hecha realidad], Carl G. Johnson escribió: «A medida que he estudiado este capítulo, me he convencido de que en los ocho primeros versículos tenemos una representación de esta era actual».[12]

En otras palabras, las señales que Jesús prometió son como los dolores de parto. Están ocurriendo ahora mismo, aumentan en frecuencia y señalan hacia el arrebatamiento de la iglesia. Pero el momento en que la iglesia se haya ido, esas señales se volverán mucho más severas y el mundo de tribulación posterior al arrebatamiento será lanzado a un estado de convulsiones y espasmos como vemos su descripción en el libro de Apocalipsis. Es más, las señales de Mateo 24 se alinean a la perfección con los sellos de Apocalipsis 6. Es asombroso lo realmente exacta que es la Palabra de Dios.

MATEO 24 & APOCALIPSIS 6

LAS SEÑALES DEL DISCURSO DEL MONTE DE LOS OLIVOS	LOS SELLOS DE JUICIO DE APOCALIPSIS
Falsos cristos y falsos profetas (Mateo 24:4-5, 11)	Caballo blanco: Anticristo (Apocalipsis 6:2)
Guerras y rumores de guerras (Mateo 24:6-7)	Caballo bermejo: Guerra y derramamiento de sangre (Apocalipsis 6:3-4)
Hambres (Mateo 24:7)	Caballo negro: Hambre (Apocalipsis 6:5-6)
Pestes y muerte (Mateo 24:7-8)	Caballo amarillo: Peste y muerte (Apocalipsis 6:7-8)

Nada de eso significa que hoy día estemos exentos del ascenso gradual de estos dolores de parto. Las profecías de Jesús se aplican a nosotros en este momento crítico de la historia. Aunque no se nos dice cuándo ocurrirá el arrebatamiento, sí se describe cómo será la vida durante la temporada del arrebatamiento. Sí, después del arrebatamiento estas señales se solidificarán y se llevarán a cabo por completo durante la primera mitad de la tribulación. Pero no aparecerán de la nada. Representarán la continuación e intensificación de lo que ya se estará desarrollando en el escenario mundial.

Cuando Cristo venga en el aire por su iglesia (1 Tesalonicenses 4:17), todo cristiano en la tierra será quitado; y junto con los cristianos, el Espíritu Santo que mora en ellos, que es quien detiene toda maldad.

En ese instante se desatará todo el infierno, y las señales dadas en Mateo 24:4-14 se acelerarán a la velocidad de la tribulación.

Este es mi punto: puede que no estemos viviendo en el fin del mundo, ¡pero estamos viviendo en el mundo del fin!

La importancia de la profecía

Como mencioné antes, lo que Jesús comunicó en su Discurso del Monte de los Olivos no son palabras abstractas sin ningún impacto en nuestras vidas. Él pronunció cada palabra de manera cuidadosa y precisa, y cada una está destinada a ayudarnos a ti y a mí a nivel personal. Son tan relevantes para nosotros como su primer sermón en Mateo: el Sermón del Monte.

Nunca ha sido mi deseo comunicar información bíblica sin asegurarme de que vemos las lecciones espirituales en cada página y en cada versículo. Mientras escudriñaba estos tres primeros versículos (Mateo 24:1-3), me llamaron la atención tres aspectos sobre nuestra vida actual que tienen que ver con las actividades y actitudes diarias que vivimos los seguidores de Cristo, y que se explican a continuación.

Jesús quiere enseñarnos acerca del futuro

En primer lugar, Jesús desea que estudiemos el futuro. Nuestro Señor tenía la costumbre de preparar a sus discípulos para los próximos acontecimientos incluso durante los días de él en esta tierra. Según hemos visto, Jesús insistió en comunicar a quienes lo rodeaban algunas de las cosas que ellos podían anticipar en los días por delante. Así que no permita que alguien le diga a usted que el Señor no se preocupaba por el futuro o que no le interesaba la profecía. Los hechos dicen otra cosa.

No olvidemos que las Escrituras dicen lo contrario. «La *Gran enciclopedia de profecía bíblica* de J. Barton Payne enumera 1.239 profecías en el Antiguo Testamento y 578 profecías en el Nuevo Testamento, para un total de 1.817. Estas abarcan 8.352 versículos de 31.102», ¡o más de la cuarta parte de la Palabra de Dios![13]

Si el futuro fue un tema importante para Jesús y para los escritores bíblicos, también debería ser importante para nosotros. Debería ser algo que siempre estemos estudiando y sobre lo cual estemos aprendiendo.

El teólogo Wayne Grudem escribió: «Aunque no podemos conocer todo sobre el futuro, Dios conoce todas las cosas sobre el futuro y en la Escritura nos ha comunicado los acontecimientos principales por venir en la historia del universo. Podemos tener absoluta confianza en que estos eventos ocurrirán porque Dios nunca se equivoca y nunca miente».[14]

El Discurso del Monte de los Olivos fue una de las maneras en que Jesús advirtió a sus discípulos, incluso a usted y a mí, acerca del final de la historia. Él nos mostró las señales a las que debemos estar atentos y al modo en que debemos vivir. La pregunta es: ¿escucharemos? ¿Responderemos?

Si escuchamos, el futuro no nos sorprenderá. Reconoceremos las señales de los tiempos, y manejaremos adecuadamente las tensiones de la vida cotidiana mientras anticipamos el regreso del Señor y nos esforzamos por vivir para él incluso en el mundo del fin.

Jesús quiere transformarnos para el futuro

El ministerio profético de Cristo también nos transforma para que seamos capaces de enfrentar el futuro. Jesús manifestó: «Estas cosas os he hablado [acerca del futuro], para que no tengáis tropiezo» (Juan 16:1). Unos versículos más adelante añadió: «Pero les he dicho estas cosas para que cuando llegue la hora, se acuerden de que ya les había hablado de ellas» (v. 4, NBLA).

En otras palabras, «Si usted capta lo que le estoy diciendo acerca del futuro, no caerá en la trampa. No caerá en la trampa de salir corriendo lleno de pánico cuando puede confiar en mí. No se desviará del rumbo porque tendrá una sensación de lo que Dios está haciendo».

Si usted está buscando un manual para el futuro que no le imponga exigencias hoy día, o una guía para los tiempos venideros que no tenga relación con los días actuales, ha llegado al lugar equivocado. No puedo entusiasmarme con ningún libro que inspire interés por los hechos futuros pero que haga caso omiso a lo que Dios quiere que hagamos hoy. Mi estudio de la profecía me convence de que Dios tiene la intención de que el conocimiento de los acontecimientos futuros nos ayuden a ocupar nuestro mundo con un sentido de urgencia hasta que el Señor regrese.

Paul Benware escribió: «Un creyente que se levanta por la mañana con el pensamiento: *Mi Señor Jesús podría venir hoy*, probablemente no permita que el pecado prevalezca en su vida. Pero los cristianos que raras veces, si las hubiera, reflexionan sobre la realidad de la vida futura, la venida del Señor y el juicio ante el tribunal de Cristo son mucho más vulnerables a la tentación y al pecado. Y, tal vez, esto explique algo del pecado y la apatía que vemos en muchas de las iglesias de hoy día».[15]

Jesús quiere que le confiemos el futuro

Finalmente, como seres humanos nos equivocamos a menudo al intentar predecir el futuro. Por ejemplo, durante una entrevista en 2007 con *USA Today*, el director general de Microsoft, Steve Ballmer, opinó: «No hay ninguna posibilidad de que el iPhone obtenga una participación significativa en el mercado. Ninguna posibilidad». Ballmer basó esta predicción en la idea de que solamente a los entendidos en tecnología les interesarían los iPhones, pero no a la población general. Luego declaró: «Quiero tener productos atractivos para todo el mundo».[16]

Quince años después, con más de dos mil millones de iPhones vendidos, podemos afirmar que Steve Ballmer se equivocó.

¿Y qué hay entonces con relación a Jesús? ¿Por qué exactamente usted y yo podemos estar seguros de que sus profecías se cumplirán? ¿Por qué podemos confiar en que nos dice la verdad acerca del futuro?

En el prólogo del libro de Apocalipsis, el apóstol Juan respondió esas preguntas al darnos una de las más profundas razones imaginables para escuchar las palabras proféticas de Cristo. Juan se hallaba en la isla de Patmos cuando vio a Aquel a quien debemos escuchar, y así es como describió el encuentro: «Cuando le vi, caí como muerto a sus pies. Y él puso su diestra sobre mí, diciéndome: No temas; yo soy el primero y el último; y el que vivo, y estuve muerto; mas he aquí que vivo por los siglos de los siglos, amén. Y tengo las llaves de la muerte y del Hades. Escribe las cosas que has visto, y las que son, y las que han de ser después de estas» (Apocalipsis 1:17-19).

¿A quién conoce usted que tenga plantado un pie en la eternidad y el otro en el tiempo? ¿A quién conoce que en realidad viva en el presente y en el futuro, y nos diga hoy día: «Esto es lo que deben esperar mientras aguardan mi regreso»?

Nadie captó jamás el futuro de manera tan firme y completa como el Señor Jesucristo. Él lo ve todo y lo conoce todo. Como el Dios eterno, ve todo el desfile de la humanidad de principio a fin, desde Adán hasta el anticristo. Nosotros vemos pequeños fragmentos de esto, pero solo Jesús es el Alfa y la Omega.

«Yo soy Dios, y no hay otro como yo. Solo yo puedo predecir el futuro antes que suceda. Todos mis planes se cumplirán porque yo hago todo lo que deseo. [...] He dicho lo que haría, y lo cumpliré» (Isaías 46:9-11, NTV).

La lección es clara: usted le puede confiar el futuro a nuestro Señor y Salvador y no solo «el futuro» en general, sino el futuro de *usted* en particular.

Ahora podemos entender por qué Jesús no respondió con grandes detalles las dos preguntas de los discípulos. Es más, ni siquiera contestó una de las preguntas que le hicieron, la inquietud respecto al tiempo de la destrucción del templo. En lugar de eso, les dio una serie de señales de cómo sería el mundo del fin. Jesús les estaba recordando a sus discípulos que no debían determinar cómo encajarían todas las piezas del rompecabezas del final de los tiempos. Al contrario, la responsabilidad que tenían era confiarle el futuro a él y permanecerle fieles hasta el fin.

Cuando el pastor Mark Mitchell comenzó a estudiar el Discurso del Monte de los Olivos pensó en sus propias experiencias de entrenamiento para una maratón. La parte más difícil del recorrido para él eran los últimos diez kilómetros. La distancia de una maratón es de más de cuarenta y dos kilómetros, pero el régimen de entrenamiento de Mark se detenía a los treinta y dos. Mientras entrenaba mes tras mes, nunca corrió más de treinta y dos kilómetros a la vez.

Mitchell se preguntaba cómo serían esos kilómetros finales. Para él eran una tierra de nadie, y se preguntó si se rendiría, si sufriría calambres o si sería capaz de llegar a la meta. Finalmente creyó que su entrenamiento lo impulsaría para el resto del trayecto, por lo que reguló su ritmo y perseveró hasta el final.

Más tarde escribió:

> Leemos un pasaje como Mateo 24, y es como si estuviéramos leyendo sobre los últimos diez kilómetros de una maratón. Sabemos que va a ser difícil, y que no hay nada que podamos hacer ahora para reproducir lo que será entonces. Pero Jesús nos ha dicho qué buscar y cómo estar preparados, cómo cruzar la línea de meta.

> Nos preparamos siendo sabios y perspicaces acerca de las falsas afirmaciones de los mercachifles religiosos. Nos preparamos al reposar en que Dios es soberano y que cualquier cosa que nos pase es parte de su plan. Nos preparamos al confiar en que él está creando oportunidades para que demos testimonio, y que nos dará las palabras necesarias cuando las necesitemos. Nos preparamos al aprender a soportar dificultades para que, cuando lleguen otras mayores, no nos quedemos en el camino. Nos preparamos al negarnos a aceptar la mentira de que las cosas de este mundo son las más importantes. Nos preparamos al orar cada día, pidiendo la fortaleza de Dios para enfrentar lo que nos deparen los últimos diez kilómetros de la vida.[17]

Ese es el enfoque del resto de este libro. Jesús nos dio esta profecía con el fin de prepararnos para lo que ha de venir, para los últimos diez kilómetros del mundo; y deseo comunicarle a usted el consejo del Señor. No nos dio esta información para que nos asustemos por lo que vendrá ni estemos abrumados por el mundo del fin. Él sabe lo que ha de venir, y quiere asegurarse de que podamos enfrentarlo con confianza y esperanza. Su deseo es que seamos «irreprensibles y sencillos, hijos de Dios sin mancha en medio de una generación maligna y perversa, en medio de la cual [resplandecemos] como luminares en el mundo; asidos de la palabra de vida» (Filipenses 2:15-16).

Jesús nos ha hablado acerca de los últimos diez kilómetros de la carrera, así que «corramos con paciencia la carrera que tenemos por delante, puestos los ojos en Jesús, el autor y consumador de la fe» (Hebreos 12:1-2).

Capítulo 2

EN UN MUNDO DE ENGAÑO, *SEAMOS VERACES*

Respondiendo Jesús, les dijo: Mirad que nadie os engañe. Porque vendrán muchos en mi nombre, diciendo: Yo soy el Cristo; y a muchos engañarán. [...] Y muchos falsos profetas se levantarán, y engañarán a muchos.

MATEO 24:4-5, 11

El final llegó rápidamente: 4:00 p.m. hora local el día de Navidad de 1989. Nicolae Ceaușescu y su esposa, Elena, con manos atadas y rostro desafiante, se enfrentaron a un pelotón de fusilamiento de paracaidistas rumanos. En un instante sus cuerpos recibieron ciento veinte balas, y uno de los reinados más brutales del siglo XX llegó a su fin. Esas ejecuciones también marcaron el final de la colección de regímenes comunistas conocidos como el Bloque Soviético.

Ceaușescu era un maestro del engaño. Su llamativo rostro podía ser duro, feliz, aterrador... lo que él quisiera. Nicolae y su esposa mantuvieron un férreo control sobre Rumania durante veinticuatro años, prometiendo convertir a la nación en una utopía, un país sin opresión o pobreza, un lugar de abundancia y prosperidad.

Al mismo tiempo, sus crueles puños aplastaban a su propio pueblo y explotaban a su nación.

Ceaușescu se presentaba a sí mismo como un hombre de talento sin precedentes: «La encarnación suprema del bien», «Héroe de héroes», el «Trabajador de trabajadores» y «Primer personaje del mundo».[1]

Su esposa, Elena, era una mujer atractiva de origen campesino, que estaba decidida a ser tan poderosa como su esposo. Se convirtió en primera viceministra y «la madre legendaria». Los medios de comunicación la aclamaron como un modelo para las mujeres de todo el mundo.

De ser así, ella fue un modelo como Jezabel. Es más, la historia de este matrimonio se parece mucho a la del rey Acab y la infame reina Jezabel del Antiguo Testamento. Se trata de la historia de una pareja arrogante que era adicta al poder y que reinó por medio de engaño, hipocresía e inimaginable crueldad, con un final desastroso.

Muchos historiadores afirman que los Ceaușescu eran tan malos como Hitler; solo que les faltó la oportunidad de actuar a tan gran escala. No solamente engañaron a su propio pueblo, sino también a Occidente. La reina Elizabeth II nombró caballero a Ceaușescu. El gobierno de Estados Unidos le concedió a Rumania la condición comercial de «nación más favorecida». El ex primer ministro israelí Menachem Begin le dio mérito a Ceaușescu por mediar en la misión de paz de Anwar el-Sadat en Jerusalén.

Los Ceaușescu engañaron al mundo durante décadas.

Por desgracia, no son los últimos de los grandes engañadores. Los falsos líderes siguen proliferando como esporas en el aire, empeorando día tras día. Esta tendencia no terminará hasta que el anticristo enfrente su destino.

El engaño es un tema frecuente en las Escrituras. Empieza en el huerto de Edén cuando Eva declaró: «La serpiente me engañó, y comí» (Génesis 3:13). En el otro extremo de la Biblia leemos algo parecido: «El diablo que los engañaba fue lanzado en el lago de fuego» (Apocalipsis 20:10).

Piénselo, el maestro del engaño, Satanás, entra en escena en el tercer capítulo de la Biblia, y es lanzado al lago de fuego a tres capítulos del final de la Biblia. Desde el Edén hasta el final ha estado tejiendo redes de engaño y sofocando a nuestro mundo.

Jesús prestó mucha atención a este tema en su Discurso del Monte de los Olivos. El engaño ocupa un lugar importante en los pasajes proféticos del Nuevo Testamento, y es aquí precisamente donde Jesús empieza su enseñanza respecto a las señales de los tiempos. Cuando los discípulos se le acercaron al Señor y le preguntaron acerca del futuro, comenzó su respuesta diciendo: «Mirad que nadie os engañe» (Mateo 24:4).

Nivel de engaño en el mundo del fin

Según Jesús, la desinformación jugará un papel importante en el mundo del fin. Aunque siempre debemos estar al tanto de las mentiras y las instrucciones falsas, el Señor nos advirtió que estuviéramos especialmente atentos a los engaños espirituales a medida que su regreso se acerca:

- «Jesús, respondiéndoles, comenzó a decir: Mirad que nadie os engañe; porque vendrán muchos en mi nombre, diciendo: Yo soy el Cristo; y engañarán a muchos» (Marcos 13:5-6).
- «Él entonces dijo: Mirad que no seáis engañados; porque vendrán muchos en mi nombre, diciendo: Yo soy el Cristo,

y: El tiempo está cerca. Mas no vayáis en pos de ellos» (Lucas 21:8).

- «Entonces, si alguno os dijere: Mirad, aquí está el Cristo, o mirad, allí está, no lo creáis. Porque se levantarán falsos Cristos, y falsos profetas, y harán grandes señales y prodigios, de tal manera que engañarán, si fuere posible, aun a los escogidos» (Mateo 24:23-24).

Como he mencionado, los juicios prometidos en Mateo 24:4-11 son paralelos a los juicios de los primeros cinco sellos de Apocalipsis 6:1-11. El primer sello describe a un falso Mesías:

> Vi cuando el Cordero abrió uno de los sellos, y oí a uno de los cuatro seres vivientes decir como con voz de trueno: Ven y mira. Y miré, y he aquí un caballo blanco; y el que lo montaba tenía un arco; y le fue dada una corona, y salió venciendo, y para vencer. (Apocalipsis 6:1-2)

Este jinete sobre el caballo blanco es una falsificación. Se trata de un falso Cristo. Surgirá como un campeón mundial, la persona del momento, para rescatar al mundo de la catástrofe inminente. En poco tiempo se convertirá en el anticristo. Pero este personaje no saldrá simplemente de la nada. Antes de su aparición vendrán muchos otros afirmando falsamente ser el Mesías (1 Juan 2:18). Nuestro Señor instruyó específicamente a sus discípulos que no se dejaran engañar por tales afirmaciones.

¿Es descabellada la idea? ¿Existen personas que demandan ser el Mesías? ¿Personajes que afirman ser el Salvador? ¡Esto no es algo descabellado! Incluso en el siglo I, varios revolucionarios hicieron ese alarde y el libro de Hechos los menciona.

Primero fue Teudas. Lucas escribió: «Antes de estos días se levantó Teudas, diciendo que era alguien. A este se unió un número como de cuatrocientos hombres; pero él fue muerto, y todos los que le obedecían fueron dispersados y reducidos a nada» (Hechos 5:36).

El historiador Josefo, del siglo I, nos cuenta la historia de Teudas, quien prometió libertad a sus seguidores:

> Aconteció que siendo Fadus procurador de Judea, cierto mago, cuyo nombre era Teudas, persuadió a gran parte del pueblo de que llevaran consigo sus efectos y lo siguieran hasta el río Jordán; pues les dijo que él era un profeta, y que por orden suya dividiría el río y les proporcionaría un paso fácil por allí; y muchos fueron engañados por sus palabras.
>
> Sin embargo, Fadus no les permitió sacar alguna ventaja del descabellado intento de Teudas, sino que envió una tropa de jinetes contra ellos, que los tomaron inesperadamente por sorpresa, matando a muchos y llevándose vivos a otros. También capturaron vivo a Teudas y lo decapitaron, llevándose la cabeza a Jerusalén.[2]

En el Nuevo Testamento, a otro engañador se le conoció simplemente como «el egipcio»: «¿No eres tú aquel egipcio que levantó una sedición antes de estos días, y sacó al desierto los cuatro mil sicarios?» (Hechos 21:38).

Josefo también describe a este egipcio que vino a Jerusalén afirmando ser un profeta:

> Por esa época uno que afirmaba ser profeta llegó de Egipto a Jerusalén y aconsejó a multitudes en el pueblo común que fueran con él al Monte de los Olivos, el cual así se llamaba, que estaba frente a la ciudad a una distancia de cinco estadios. El hombre dijo además que les mostraría cómo, por orden suya, los muros de Jerusalén se

derrumbarían, y les prometió que les procuraría una entrada a la ciudad a través de esos muros una vez que se derrumbaran.

Cuando a Félix le informaron de esta situación ordenó a sus soldados que tomaran sus armas, y vino contra ellos con una gran cantidad de jinetes y soldados a pie de Jerusalén, y atacó al egipcio y a las personas que estaban con él. Mató a cuatrocientos de ellos y se llevó cautivos a doscientos. Pero el egipcio mismo escapó de la pelea y no se volvió a saber de él.[3]

Como cien años después de Cristo, otro falso salvador llamado Bar Kojba apareció en Judea. Jerusalén había sido derrotada por Roma, y Bar Kojba cargó personalmente con la aureola del tan esperado Mesías. Fue un personaje notable, pero su rebelión terminó en tragedia.

La revuelta fue extinguida por el emperador romano Adriano alrededor del año 135 d. C. «Los soldados romanos, con legiones adicionales enviadas desde el extranjero, pasaron cuatro años reprimiendo la revuelta. La guerra fue devastadora. Las legiones destruyeron 50 fortalezas, 985 asentamientos y mataron a 580.000 combatientes e innumerables otros que murieron de hambre y enfermedades».[4]

En todos los siglos posteriores a la muerte y resurrección de Cristo, los impostores han afirmado ser el Mesías o alguna otra clase de salvador para su pueblo o para el mundo. Sin falta, todos ellos han sido impostores.

Pero el problema no son solamente los falsos Mesías. Por cada impostor que ha afirmado ser el Mesías, por lo menos otros diez afirman tener conocimiento que no poseen sobre un futuro que no pueden saber. Son falsos profetas. Jesús también nos advirtió acerca de estos individuos: «Y muchos falsos profetas se levantarán, y engañarán a muchos» (Mateo 24:11).

En el siglo XIX, un ciudadano de Nueva Inglaterra llamado William Miller se aficionó con determinar la fecha del regreso inminente de Cristo, utilizando dudosos cálculos matemáticos. Recopiló montones de datos, los analizó y estaba seguro de que Cristo regresaría el 21 marzo de 1843.

La prensa enloqueció, y la noticia se extendió por todo el país. A medida que se acercaba el 21 de marzo los negocios cerraron, las personas se quedaron en casa y los devotos seguidores de Miller se pusieron sus túnicas de ascensión. Se dirigieron a las montañas y se subieron a los árboles más altos para llegar lo más alto posible y así tener «menos distancia para viajar por el aire» cuando el Señor regresara con un grito.

El día vino y se fue, y el Señor no volvió. Los seguidores de Miller regresaron a casa, acompañados por abucheos y silbidos de sus vecinos y amigos. Este fue un día confuso para estos hombres y mujeres desilusionados. Peor aún, hizo que todos los que siguieron la noticia se sintieran un poco más escépticos acerca del cristianismo.

William Miller no era un hombre que se rindiera fácilmente. Regresó a las Escrituras y descubrió una «equivocación» de un año en sus cálculos. Exactamente 365 días después sus seguidores volvieron a ponerse sus túnicas, a trepar árboles y a esperar el regreso del Señor. Y una vez más quedaron desilusionados y frustrados. La mayoría de ellos apartaron sus corazones de su sincero pero engañado líder, y lo que es infinitamente más trágico, algunos alejaron sus corazones de Dios.

Para su mérito, Miller mismo se arrepintió de haber fijado fecha, y públicamente admitió que había cometido una terrible equivocación, no solo en sus cálculos, sino también en sus insensatos intentos de fijar la fecha del regreso de Cristo. Para entonces, por supuesto, el daño estaba hecho.[5]

Miller no está solo. Muchos otros individuos han especulado en el día y la hora del regreso del Señor, algunos de ellos haciendo predicciones específicas sobre el fin del mundo. Francamente, cuando leo acerca de los falsos profetas me pregunto qué Biblia están estudiando.

La Biblia en mis manos afirma con claridad que la fecha del regreso de nuestro Señor es imposible de conocer para cualquiera en la tierra.

- «Del día y la hora nadie sabe, ni aun los ángeles de los cielos, sino solo mi Padre» (Mateo 24:36).
- «Velad, pues, porque no sabéis a qué hora ha de venir vuestro Señor» (Mateo 24:42).
- «También vosotros estad preparados; porque el Hijo del Hombre vendrá a la hora que no pensáis» (Mateo 24:44).
- «Velad, pues, porque no sabéis el día ni la hora en que el Hijo del Hombre ha de venir» (Mateo 25:13).
- «De aquel día y de la hora nadie sabe, ni aun los ángeles que están en el cielo, ni el Hijo, sino el Padre» (Marcos 13:32).

Tal vez el último versículo lo confunda a usted. Si Jesús es Dios, ¿por qué él mismo no sabía el tiempo de su propio regreso?

Pues bien, cuando Jesús pronunció esas palabras se había despojado del uso independiente de sus atributos. Había tomado la forma humana (Filipenses 2:7), obedeciendo totalmente a su Padre y confiando por completo en el Espíritu Santo. En su humanidad, Jesús había renunciado temporalmente a algunos de los privilegios de su deidad. Cuando se levantó de los muertos y recibió su cuerpo glorificado, volvió a tener acceso a su omnisciencia. Por tanto, ahora Cristo conoce y espera el día de su regreso.

¿Por qué entonces algunas personas afirman conocer el tiempo del regreso de Jesús? Si Cristo mismo, en su humanidad, no sabía los detalles, ¿por qué alguien más se jactaría de saberlos? Ese es el atractivo y el poder del engaño.

Jesús nos advirtió enérgicamente en contra de ser engañados en nuestra vida espiritual. Las epístolas del Nuevo Testamento advierten al pueblo de Dios, en cuanto a la posibilidad de ser engañados, en no menos de once ocasiones (Romanos 16:18; 1 Corintios 3:18; 6:9; 2 Corintios 11:3; Gálatas 6:7; Efesios 5:6; Colosenses 2:4; 2 Tesalonicenses 2:3; Santiago 1:16, 22; 1 Juan 1:8).

Así como personas brillantes han sido estafadas y se han dejado arrastrar por engaños ingeniosos, también es posible para los cristianos, incluso creyentes sólidos y maduros, ser engañados. Sin la sabiduría y la gracia de Dios, todos somos vulnerables al engaño.

Este peligro simplemente se acelerará a medida que nos acerquemos al mundo del fin.

Origen del engaño en el mundo del fin

El engaño espiritual del que Jesús advirtió no es una simple casualidad. Hay alguien detrás de estos engaños. Como afirmé anteriormente, Satanás, el enemigo de nuestras almas, es el máximo engañador y el padre de mentiras. Desde los albores de la historia, una de sus principales herramientas ha sido el engaño.

En el libro de Apocalipsis, Juan describió a Satanás como «el gran dragón, la serpiente antigua, que se llama diablo y Satanás, el cual engaña al mundo entero» (12:9).

Jesús describió así a Satanás: «Él ha sido homicida desde el principio, y no ha permanecido en la verdad, porque no hay verdad en él. Cuando habla mentira, de suyo habla; porque es mentiroso, y padre de mentira» (Juan 8:44).

El engaño espiritual puede ser el arma más insidiosa de Satanás contra quienes seguimos a Cristo y pertenecemos a su iglesia. Jesús y sus apóstoles hablaron del tema casi treinta veces en el Nuevo Testamento. Satanás es un mentiroso. Es la serpiente. Es el engañador. Pero se disfraza como algo más, y también lo hacen sus devotos: «Estos son falsos apóstoles, obreros fraudulentos, que se disfrazan como apóstoles de Cristo. Y no es maravilla, porque el mismo Satanás se disfraza como ángel de luz» (2 Corintios 11:13-14).

Durante su vida, el pastor y teólogo Dave Breese habló con frecuencia de los peligros del engaño espiritual. Él estaba especialmente consciente de las sutilezas de nuestro adversario, y escribió: «Hacemos bien en recordar que el mentiroso más astuto hace declaraciones que parecen como si fueran verdades. [...] El ser más sutil creado en el universo es Lucifer. El conjunto más ingenioso de mentiras que ha producido es el sistema de doctrina satánica. Con sus doctrinas, Satanás impone discretos argumentos en personas razonables».[6]

Cuando este engaño se desarrolle por completo en el período que rodea al arrebatamiento, será algo diferente a todo lo que haya ocurrido antes en la tierra. Así como las nubes se juntan antes de una tormenta, así estamos sintiendo ahora mismo la atracción del engaño apocalíptico. Está a nuestro alrededor. Se encuentra en el aire.

Lo que sentimos ahora mismo son los dolores de parto del engaño, los cuales se intensificarán en todo el mundo antes que el arrebatamiento ocurra.

Lo sentimos cuando los políticos incumplen regularmente sus promesas de campaña. Lo sentimos cuando las personalidades de los medios de comunicación nos afirman que arriba es abajo y que la oscuridad es la luz. Lo sentimos cuando los científicos hacen afirmaciones extravagantes sobre la biología básica que no tienen sentido común lógico. Lo sentimos cuando los gobiernos practican la censura en el nombre de la protección y persiguen en el nombre de la paz. Lo sentimos cuando las redes sociales atrapan a nuestros hijos con sus mentiras.

No es de extrañar que muchas personas desconfíen de instituciones importantes.

- Solo 42 % de estadounidenses tiene confianza en el gobierno como un todo.

- Aproximadamente 35 % confía en el Congreso.
- Se calcula que solo 40 % confía en los medios noticiosos, pero esa cifra se reduce a 28 % en adultos jóvenes.
- Únicamente la tercera parte de estadounidenses confía en Wall Street y solo 26 % en Hollywood.
- Menos de la mitad de estadounidenses, 46 %, confía en sus dirigentes religiosos.[7]

DESCONFIANZA
EN LAS INSTITUCIONES

Solo 42 % de estadounidenses confía en el gobierno.

Solo 40 % de estadounidenses confía en los medios noticiosos.

Solo 46 % de estadounidenses confía en los dirigentes religiosos.

En resumen, ya estamos viendo una erosión de la confianza en los cimientos que han mantenido unidas nuestras culturas y civilizaciones durante milenios. Esa erosión se intensificará a medida que nos acerquemos al mundo del fin.

La estrategia del engaño en el mundo del fin

Hace como dos mil cuatrocientos años un hombre en China llamado Sun Tzu escribió un libro titulado *El arte de la guerra*. Esta obra sigue siendo popular hoy día entre líderes del comercio, el espectáculo, la educación, la ley, la política, el gobierno, los deportes y muchos otros campos, que estudian y aplican los principios del autor en contextos modernos.

Tzu escribió: «Si conoces a los demás y te conoces a ti mismo, ni en cien batallas correrás peligro; si no conoces a los demás, pero te conoces a ti mismo, perderás una batalla y ganarás otra; si no conoces a los demás ni te conoces a ti mismo, correrás peligro en cada batalla».[8]

Basado en ese párrafo, a Sun Tzu se le atribuye la frase: «Conozcan a su enemigo».

Esto es lo que el apóstol Pablo tenía en mente cuando advirtió a los corintios: «Que Satanás no gane ventaja alguna sobre nosotros; pues no ignoramos sus maquinaciones» (2 Corintios 2:11). Como seguidores de Cristo debemos conocer a nuestro enemigo para enfrentar sus intrigas, incluida la del engaño. La mejor manera de aprender las estrategias de Satanás es estudiar la Palabra de Dios.

La estrategia que Satanás implementó en el huerto de Edén es la misma que utiliza hoy, y la misma que impulsará en los últimos días. Por desgracia, muchos cristianos nunca han analizado esta estrategia, razón por la cual caen víctimas de falsos profetas y de engañosas doctrinas que proliferan por todas partes.

¿Cuál es la estrategia universal de Satanás? Génesis 3 la presenta en detalle.

Satanás rebate la Palabra de Dios

Satanás comenzó a tentar Adán y Eva rebatiendo la Palabra de Dios: «La serpiente era astuta, más que todos los animales del campo que Jehová Dios había hecho; la cual dijo a la mujer: ¿Conque Dios os ha dicho: No comáis de todo árbol del huerto?» (Génesis 3:1).

Satanás trató de rebajar lo que Dios había dicho. Intentó cambiar la verdad. Solo un poco. Susurró al oído de Eva, diciéndole que tal vez ella no había escuchado correctamente a Dios.

El diablo intenta algo parecido con nosotros hoy día. Abrimos frente a nosotros la Palabra clara y sencilla de Dios, y leemos un versículo que nos dice que no debemos hacer algo que realmente nos gustaría hacer. Lo siguiente que sabemos es que alguien aparece para darnos una interpretación alterna del texto que nos permitirá hacer lo que sabemos que Dios ha prohibido.

Ese es un momento de decisión. Debemos elegir entre aceptar la verdad de la Palabra de Dios y actuar en consecuencia, o permitir que seamos engañados.

Satanás niega la Palabra de Dios

A continuación, Satanás le dijo a Adán y Eva: «No moriréis» (3:4).

El camino desde la duda hasta la negación no es muy largo. Cuando Satanás expresó: «No moriréis», estaba contradiciendo descaradamente lo que Dios había decretado. Mírelo usted mismo: «Mas del árbol de la ciencia del bien y del mal no comerás; porque el día que de él comieres, ciertamente morirás» (Génesis 2:17).

¡No se puede pasar por alto la secuencia! La duda abre la puerta a la negación. Si en el principio Adán y Eva no hubieran escuchado a Satanás, al final no habrían negado a Dios.

Satanás desvía la Palabra de Dios

Después que Satanás rebatiera la Palabra de Dios y luego la negara, la desvió. Les dijo a Adán y Eva: «Seréis como Dios» (3:5). Satanás estaba poniendo en la mente de ellos el mismo pensamiento perturbador que una vez entró en su propia mente, el mismo impulso que lo había transformado de ser el querubín ungido a ser el diablo del infierno.

Una de las maneras más fáciles de ver en acción el plan de Satanás en el mundo de hoy es observar la forma en que nuestra cultura trata el pecado. Con qué facilidad parece que dejamos de lado la verdad pura de las Escrituras cuando nos conviene. Mentir no parece malo si estamos tratando de no herir los sentimientos de otra persona, o cuando enfrentamos un caso de ética circunstancial. El adulterio no parece tan malo cuando lo describimos con un lenguaje doble: es tan solo una «relación impropia», o incluso «amor verdadero». La glotonería y la adición no son el resultado de decisiones personales, sino de desórdenes genéticos o desequilibrios químicos.

Pronto encontramos maneras de rebatir lo que la Palabra de Dios realmente dice. Declaramos: «Esas restricciones pueden haber sido ciertas en la cultura de la época de Pablo, pero las cosas son diferentes ahora. Una persona moderna y sofisticada como yo puede manejar un poco de gris en lugar de tratar todo como negro o blanco». Cuando permitimos que Satanás siembre dudas en nuestras mentes acerca de la trascendencia del pecado, hemos abierto nuestro corazón al engaño del diablo.

¡Cuán fácilmente justificamos nuestro comportamiento! El bien y el mal se invierten en un abrir y cerrar de ojos.

Como el profeta expresara: «¡Ay de los que a lo malo dicen bueno, y a lo bueno malo; que hacen de la luz tinieblas, y de las tinieblas luz; que ponen lo amargo por dulce, y lo dulce por amargo!» (Isaías 5:20).

Eso puede ocurrir fácilmente si nos dejamos engañar. Pero no tiene que ser así. No debemos permitir que Satanás controle nuestras vidas. La promesa del apóstol Pablo a los corintios sigue siendo válida: «No os ha sobrevenido ninguna tentación que no sea humana; pero fiel es Dios, que no os dejará ser tentados más de lo que podéis resistir, sino que dará también juntamente con la tentación la salida, para que podáis soportar» (1 Corintios 10:13).

Satanás desprecia la bondad de Dios

Hay otro eslabón en la cadena del engaño. El diablo quiere despreciar la bondad, la misericordia y la gracia del Señor.

Observe las instrucciones originales de Dios para la humanidad: «Mandó Jehová Dios al hombre, diciendo: De todo árbol del huerto podrás comer; mas del árbol de la ciencia del bien y del mal no comerás; porque el día que de él comieres, ciertamente morirás» (Génesis 2:16-17).

¿Ve usted la generosidad de Dios? Ofreció «libremente» una abundancia de bondad con una sola restricción. Pero al hablar con Satanás en Génesis 3, Eva reformuló el mandato original de Dios: «La mujer respondió a la serpiente: Del fruto de los árboles del huerto podemos comer» (v. 2).

¿Ve usted lo que se está pasando por alto? Eva omitió la misericordiosa provisión de Dios de que ella y Adán podían comer «libremente» de *todo* árbol en el huerto. En otras palabras, la comprensión que Eva tenía de la provisión de Dios no era tan magnánima como el Señor quería. Satanás la había atrapado con sus malas insinuaciones acerca de Dios.

Usted está en el camino del engaño cuando empieza a cuestionar la gracia y la bondad de Dios.

¿Ha sido usted tentado de ese modo? Quizás podría pensar: *¿Por qué permitió Dios que esto sucediera? Si él es tan bueno, ¿por qué ocurren estas cosas? ¿No responderá Dios mi oración? ¿Dónde se encuentra él?*

Permítame darle un consejo que me ha ayudado en tales momentos. Deténgase y hágase una serie de preguntas que le reorientarán. *¿Es bueno Dios? ¿Ha sido bueno conmigo? ¿Ilumina su Palabra el sendero que tengo por delante? ¿Son su gracia y su provisión suficientes para todas mis necesidades? ¿Ha suplido Dios mis necesidades en el pasado? ¿Me ha dado promesas de ayudarme a través de la dificultad?*

¡Sí, sí y sí!

No permita que Satanás lo lleve a razonar que Dios lo ha abandonado o le ha fallado. Cuando usted le abre la puerta a esa clase de pensamientos, está permitiendo que Satanás le siembre semillas de engaño en su corazón.

Satanás dramatiza las restricciones de Dios

Adán y Eva no solo despreciaron la bondad de Dios, sino que también dramatizaron las restricciones que les procuró. Quizás yo debería decir que ellos exageraron las restricciones de Dios, pues añadieron a lo que él señaló.

En ninguna parte en Génesis 1 y 2 encontramos que Dios dijera a los primeros humanos que no «tocaran» el árbol prohibido. Sin embargo, Eva le dijo a la serpiente: «Del fruto del árbol que está en medio del jardín ha dicho Dios: "No coman de él ni lo toquen, no sea que mueran"» (Génesis 3:2-3, RVA-2015).

¿Qué diferencia hace eso? Cuando usted maneja sin cuidado la Palabra de Dios, le permite a Satanás entrar en su vida. Pronto estará pensando menos en la gracia de Dios y más en la ley de Dios. Se enfocará en lo que *no puede* hacer y no en lo que tiene el *privilegio* de hacer.

Así es como la serpiente nos engaña. A lo largo de mi carrera como pastor he visto ese proceso demoníaco en acción. Les sucede a jóvenes y mayores, a nuevos cristianos y a individuos que han estado en la iglesia durante años, a ricos y a pobres, a los muy educados y a los que abandonaron la secundaria.

Cuando exageramos los límites de nuestras vidas, somos propensos a tergiversar a Dios y su Palabra, y caemos en la trampa de Satanás. La Biblia nos dice que seamos cada uno como un «obrero que no tiene de qué avergonzarse, que usa bien la palabra de verdad» (2 Timoteo 2:15).

Satanás subestima el castigo divino

Adán y Eva despreciaron la bondad de Dios, exageraron las restricciones de Dios y finalmente subestimaron el castigo que Dios establece. Eva dijo: «No sea que mueran». Pero eso no fue lo que Dios ordenó. Mire de nuevo Génesis 2:17: «Mas del árbol de la ciencia del bien y del mal no comerás; porque el día que de él comieres, ciertamente morirás».

Eva omitió la parte «ciertamente morirás» y la cambió por una más simple «para que no muráis». Esto último parece como si la muerte fuera algo que *podría* ocurrir, una mera posibilidad. Sin embargo, lo primero deja en claro que la muerte está inevitablemente relacionada con el pecado.

Es fácil para los cristianos modernos empezar a leer la Palabra de Dios en esa forma, a ver «tal vez» cuando el texto declara «ciertamente», o a escuchar «considera» cuando las Escrituras clarifican «obedece». Esto abre la puerta al engaño de Satanás.

Por ejemplo, ¿ha notado usted cómo el diablo se acerca a una persona joven y le susurra: «¿Sabes cómo obtuviste todos estos instintos dentro de ti? Dios los puso allí. Su intención no es que andes frustrado todo el tiempo. Al fin y al cabo, todo el mundo lo hace. Vivimos en un ambiente sexualmente libre y, sí, sé que eres cristiano, pero también eres humano. Dios espera que seas feliz».

Escuche, ¡el diablo no quiere ayudarlo! Él quiere hacerle daño. Desea destruirlo, no edificarlo. Anhela esclavizarlo, no liberarlo. La Biblia declara: «Vuestro adversario el diablo, como león rugiente, anda alrededor buscando a quien devorar» (1 Pedro 5:8). Rara vez hace esto en una manera obvia o aborrecible. Lo hace en forma engañosa, sembrando pequeñas semillas de duda acerca de la Palabra de Dios.

Jesús advirtió: «El ladrón no viene sino para hurtar y matar y destruir» (Juan 10:10).

Debemos entender esta realidad mientras miramos hacia el regreso de Cristo. Satanás lleva a cabo un ataque de engaños diseñado para destruirnos a usted y a mí. Si no estamos conscientes de esto, seremos victimizados. Y el ímpetu parece estar del lado de él porque el mal se está acelerando a una velocidad vertiginosa a medida que nos precipitamos hacia los días de la tribulación.

La solución al engaño en el mundo del fin

Hace años leí una historia de un escritor llamado Mack Stiles en que describía cómo llevó a un joven a la fe en Cristo. Este joven particular, Andreas, era de Suecia, y la conversación comenzó cuando expresó una idea común errada sobre quién es Jesús y lo que él ofrece.

—Me han dicho que si decido seguir a Jesús, él suplirá mis necesidades y mi vida será muy buena —comentó Andreas.

—No, Andreas, ¡no es así! —dijo Stiles.

Andreas parpadeó sorprendido.

—En realidad, Andreas, puedes aceptar a Jesús y descubrir que te va muy mal en la vida —añadió Mack.

—¿Qué quiere usted decir? —preguntó el joven.

—Bueno, es posible que tus amigos te rechacen, que pierdas tu trabajo, que tu familia se oponga a tu decisión... pueden sucederte muchas cosas malas si decides seguir a Jesús. Andreas, cuando Jesús te llama, te llama a seguir el camino de la cruz.

—Entonces, ¿por qué querría yo seguir a Jesús?

—Andreas, porque Jesús es la verdad.[9]

¡Sí, y amén! Esa es la solución a la conducción de nuestro mundo que va cada vez más profundamente hacia el engaño. Esa es la única respuesta necesaria a la estrategia de engaño de Satanás.

Jesús es la verdad, y nos dice la verdad. Él es siempre, todo el tiempo, veraz por toda la eternidad.

Si nos aferramos a la verdad y esta se apodera de nosotros, seremos libres (Juan 8:32). Esa es la respuesta que necesitamos, y es la respuesta que Jesús proporciona. Sabemos eso porque él nos dijo: «Yo soy el camino, y la verdad, y la vida» (Juan 14:6). Jesús es totalmente fiable y digno de confianza. Podemos creer en su palabra. Al encontrarlo, pasamos de lo falso a lo verdadero, del engaño a lo real, de la confusión relativa al conocimiento absoluto.

Ahora bien, pensemos en la manera más práctica que podamos. ¿Qué podemos hacer en nuestras vidas diarias para alzar la voz y realzar el valor de la verdad ante un mundo que se ahoga en el engaño?

Buscar la verdad

En primer lugar, decidamos buscar la verdad, llévenos a donde nos lleve.

El doctor Michael Guillen es graduado de la Universidad Cornell con títulos en física, matemáticas y astronomía. Enseñó física en Harvard y fue editor científico para ABC News. Él era ateo, pero la compleja exactitud del universo sacudió la fe que había puesto en el ateísmo. Se fascinó con el budismo, el islamismo y el misticismo chino, pero no lo satisficieron intelectual ni emocionalmente.

Un día su novia Laurel le preguntó: «¿Has leído alguna vez la Biblia?».

En los dos años siguientes, Michael y Laurel leyeron la Biblia de principio a fin. Eso llevó a un estudio más extenso de las Escrituras y a una reevaluación de la visión que él tenía del mundo a la luz de la persona de Jesucristo. Michael se impresionó especialmente con las porciones proféticas de las Escrituras, lo que lo llevó a escribir: «Entre los cientos de profecías del Antiguo Testamento están algunas que profetizan la venida de un Mesías. Estas se cumplieron en Cristo, y la lógica del Nuevo Testamento se volvió irrefutable».

El doctor Guillen continuó:

> Un día finalmente me quedó claro cuál debía ser esa conclusión. No se trató de una experiencia emocional para mí. Más bien, fue

> la culminación de un amanecer intelectual, un despertar gradual que había comenzado dos décadas antes en Cornell cuando yo (un mesurado científico desaliñado y desnutrido) me hice una pregunta sencilla pero contundente: *¿Cómo se formó este asombroso universo nuestro y principalmente invisible?* [...]
>
> La respuesta, ahora concluyo, tenía todo que ver con el Dios amoroso que con su palabra produjo vida, y con el Jesús resucitado que trajo aquí a la tierra a este Dios amoroso pero remoto, haciendo posible que yo (que usted y todo el mundo), lo conociéramos personalmente.[10]

Permítame hacerle la pregunta que Laurel le hizo a Michael: ¿ha leído alguna vez la Biblia? ¿La ha estudiado? ¿Cómo la está aplicando?

Salmos 119:160 explica: «Todas tus palabras son verdad» (NBV).

La Biblia: *necesitémosla, leámosla, prestémosle atención* y *activémosla* para que también otros la encuentren. En otras palabras, busquemos la verdad.

Hablar la verdad

Después, expresemos la verdad. Pablo escribió: «No mintáis los unos a los otros, habiéndoos despojado del viejo hombre con sus hechos, y revestido del nuevo, el cual conforme a la imagen del que lo creó se va renovando hasta el conocimiento pleno» (Colosenses 3:9-10).

Seamos francos. Muchas personas se sienten cómodas con pequeñas mentiras. Mentiras blancas. Errores de poca importancia.

- «Sí, el cheque va en camino».
- «No, oficial, yo no estaba consciente de que iba tan rápido».
- «No creí que a mi amigo le importara que yo use su cuenta para este servicio de videos».
- «No fue mi intención».

Como cultura, nos hemos convencido de que la deshonestidad es peligrosa solo si perjudica activamente a otra persona. Pero solo nos estamos engañando. Las Escrituras declaran: «Los labios mentirosos son abominación a Jehová; pero los que hacen verdad son su contentamiento» (Proverbios 12:22).

Por esa razón, hablemos la verdad, toda la verdad, y nada más que la verdad.

Mostrar la verdad

Hace poco una mujer de sesenta y siete años fue atrapada robando en Estocolmo. Su método consistió en colocar comestibles en una bolsa tejida: jamón navideño, albóndigas, salchichas, queso, etc. Luego trató de salir de la tienda mientras cubría esos artículos con otra bolsa. El empleado observó lo que la mujer estaba haciendo y la confrontó.

Bueno, lo realmente extraño es que la mujer en cuestión era una de las juezas en la Corte Suprema de Suecia.

¿Cómo deberíamos procesar esa noticia? Por una parte, el delito de esta mujer era relativamente menor. Para mucha gente en todo el mundo, robar en una tienda no es un gran problema. ¡En California, donde vivo, casi se acepta o hasta se espera que las personas roben en tiendas y no sufran consecuencias! (Lo cual, a propósito, es otro engaño).

Sin embargo, debido a la posición de esta mujer, a causa de su identidad como representante de la ley en el tribunal más eminente de su nación, tuvo que renunciar a su elevada position.[11]

La solución al engaño del diablo es que los seguidores de Jesús busquemos la verdad, hablemos la verdad y, lo más importante, mostremos la verdad a través del testimonio de nuestra vida cotidiana. ¿Por qué? Porque somos representantes de nuestro Señor, ¡quien es la verdad! Desde luego, representar a Cristo como la verdad puede ser muy difícil cuando vivimos en un mundo que no valora ni cree en la «verdad».

En su libro *Time for Truth* [*La hora de la verdad*], el doctor Os Guinness argumentó que el concepto de verdad en nuestro mundo moderno está muerto: «La verdad en cualquier sentido objetivo o absoluto, la verdad que es independiente de la mente del conocedor, ya no existe. En el mejor de los casos, la verdad es relativa, es cuestión de interpretación y todo depende del enfoque que se le dé. En el peor de los casos, la verdad se "construye socialmente", es solo cuestión de costumbre humana y un testimonio para la comunidad que la cree y el poder que la instauró».[12]

¡Esto es satánico! El diablo ha insertado de manera eficaz una falsa definición de la *verdad* en nuestra cultura, en nuestras escuelas y, sí, incluso en nuestras iglesias.

Pero usted no puede ser un auténtico seguidor de Cristo si adopta una forma atenuada de verdad. John MacArthur escribió: «Cada cristiano verdadero debería conocer y amar la verdad. La Escritura dice que una de las características clave de "los que se pierden" (aquellas personas que están condenadas por su incredulidad) es que "no recibieron el amor de la verdad para ser salvos" (2 Tesalonicenses 2:10)».[13]

En lugar de atenuar lo que es verdadero, sigamos el consejo de Salomón: «Compra la verdad, y no la vendas» (Proverbios 23:23).

He aquí otra perspectiva de Os Guinness:

> Toda verdad es la verdad de Dios, y es verdadera en todas partes, para todo el mundo, bajo todas las condiciones. La verdad es indiscutible en el sentido de que es objetiva e independiente de la mente de cualquier conocedor humano. [...]
>
> La fe cristiana no es verdadera debido a que funciona; funciona porque es verdadera. No es verdadera porque la experimentamos; la experimentamos de manera profunda y gloriosa porque es verdadera. No es simplemente «verdad para nosotros», es verdad para cualquiera que busque con el fin de encontrar, porque la verdad es

> verdad aunque nadie la crea, y la falsedad es falsa aunque todo el mundo la crea. Por eso es que la verdad no cede ante la opinión, la moda, los números, el cargo o la sinceridad; es simplemente cierta y así se debe aceptar.[14]

El apóstol Juan escribió: «Mucho me regocijé cuando vinieron los hermanos y dieron testimonio de tu verdad, de cómo andas en la verdad. No tengo yo mayor gozo que este, el oír que mis hijos andan en la verdad» (3 Juan 3-4).

Seamos la verdad. Luchemos contra lo que es falso defendiendo lo que es verdadero. Dejemos de fingir y seamos realmente las personas que queremos que los demás crean que somos.

Esto es lo que sé: a medida que nos adentramos en los días engañosos de los que Jesús nos habló en Mateo 24, el mundo observa. ¡Es hora de que *seamos veraces*!

Diez versículos para ayudarnos a *ser veraces*

«He aquí, tú amas la verdad en lo íntimo, y en lo secreto me has hecho comprender sabiduría» (Salmos 51:6).

«Compra la verdad, y no la vendas» (Proverbios 23:23).

«Pero sea vuestro hablar: Sí, sí; no, no; porque lo que es más de esto, de mal procede» (Mateo 5:37).

«Conoceréis la verdad, y la verdad os hará libres» (Juan 8:32).

«Cuando venga el Espíritu de verdad, él os guiará a toda la verdad; porque no hablará por su propia cuenta, sino que hablará todo lo que oyere, y os hará saber las cosas que habrán de venir» (Juan 16:13).

«Aun cuando todos los demás sean mentirosos, Dios es veraz» (Romanos 3:4, NTV).

«Al hablar la verdad en amor, creceremos en todos los aspectos en Aquel que es la cabeza, es decir, Cristo» (Efesios 4:15, NBLA).

«Ninguna palabra corrompida salga de vuestra boca, sino la que sea buena para la necesaria edificación, a fin de dar gracia a los oyentes» (Efesios 4:29).

«Hermanos, todo lo que es verdadero, todo lo honesto, todo lo justo, todo lo puro, todo lo amable, todo lo que es de buen nombre; si hay virtud alguna, si algo digno de alabanza, en esto pensad» (Filipenses 4:8).

«Mucho me regocijé cuando vinieron los hermanos y dieron testimonio de tu verdad, de cómo andas en la verdad. No tengo yo mayor gozo que este, el oír que mis hijos andan en la verdad» (3 Juan 3-4).

Capítulo 3

EN UN MUNDO DE GUERRA, *TENGAMOS CALMA*

Oiréis de guerras y rumores de guerras; mirad que no os turbéis, porque es necesario que todo esto acontezca; pero aún no es el fin. Porque se levantará nación contra nación, y reino contra reino.

MATEO 24:6-7

Si alguna vez usted visita el complejo de templos de Karnak verá algunas de las ruinas más antiguas de la historia, que incluyen capillas, residencias y santuarios deteriorados cerca de Luxor. En la pared de uno de los santuarios verá un conjunto de jeroglíficos egipcios que proporcionan una descripción de la primera guerra registrada en la historia del mundo. Este no fue el primer conflicto que ocurrió, claro está, pero es la primera guerra conocida que se describió en forma escrita duradera.

La batalla descrita por esos jeroglíficos tuvo lugar el 16 abril de 1457 a. C, entre el faraón Tutmosis III y una enorme coalición de tribus cananeas dirigidas por el rey de Cades. Ambos ejércitos contaban con unos diez mil hombres. Los egipcios derrotaron a las fuerzas cananeas, que se retiraron a su ciudad amurallada, conocida como Megido. Los egipcios sitiaron la ciudad y la tomaron siete meses después.

Lo que me parece interesante es la ubicación de esta guerra. Ya le he dado a usted algunas claves, así que adivine. ¿Dónde exactamente sucedió esta batalla?

La batalla entre egipcios y cananeos, la primera batalla registrada en la historia mundial, ocurrió en el valle de Armagedón. A este conflicto se le llama comúnmente «la batalla de Megido».

He visitado muchas veces las ruinas de Megido cuando he estado en Israel. Desde la cumbre de Tel Megido se ve el enorme valle de Jezreel, también conocido como valle de Armagedón. Hoy día es el granero de Israel, una llanura agrícola perfecta que produce enormes cantidades de cebada, trigo, naranjas, frijoles, sandías, garbanzos y girasoles. Pero a lo largo de la historia, esa región ha sido el escenario de innumerables conflictos: hasta doscientas batallas.

Es en este lugar exacto donde el anticristo establecerá su base avanzada de operaciones en la última guerra de la historia (Apocalipsis 16:16). El mismo nombre *Armagedón* viene del término hebreo *Har Megido*, o «la montaña de Megido». Curiosamente, Megido no era originalmente una montaña. Se trata de una «tel» arqueológica, o colina hecha por el ser humano, que ganó su altura por repetida destrucción y reedificación de la ciudad.

¡No tengo palabras para la ironía!

Nuestro planeta tiene una superficie terrestre de más de ciento cuarenta y siete millones de kilómetros cuadrados; sin embargo, la primera batalla registrada en la historia se peleó, y la última batalla registrada se peleará, en el mismo lugar. Estas dos guerras sirven de paréntesis, en cierto sentido, a la historia de la guerra. Entre ellas se encuentra volumen tras volumen de las sangrientas batallas que marcan la historia humana.

Nuestros conflictos

En su mensaje sobre el mundo del fin, Jesús advirtió que la disensión aumentaría, y que la guerra global envolvería a la humanidad en medida creciente. Cuando se hallaban en otro lugar elevado, el Monte de los Olivos, les advirtió a sus discípulos: «Oiréis de guerras y rumores de guerras; mirad que no os turbéis, porque es necesario que todo esto acontezca; pero aún no es el fin. Porque se levantará nación contra nación, y reino contra reino» (Mateo 24:6-7).

Tales palabras nos sirven de trampolín para examinar tres formas importantes en que nuestro mundo ha estado, está y estará influenciado por este fenómeno llamado guerra.

La maldición de la guerra

Según un artículo en the *New York Times*, el mundo ha estado en paz solo durante 268 de los últimos 3.400 años. En otras palabras, solamente 8 % de nuestra historia ha sido pacífica. Nadie sabe cuántas personas han perecido en tiempos de guerra. El *Times* especuló que al menos 108 millones de personas murieron en guerras tan solo en el siglo XX. Algunos expertos creen que mil millones de personas han perdido la vida durante todos los conflictos militares que han marcado la historia como cráteres de bombas.[1]

Pero las víctimas solo son parte de la historia. Piense en cuántas personas han quedado afligidas por cada muerte militar: madres, padres, esposas, esposos, hijos y amigos. Incluso en nuestra propia vida nos hemos parado junto a ataúdes cubiertos por banderas y hemos escuchado las lúgubres trompetas tocando típicas melodías de despedida. La mayoría de los soldados asesinados han sido jóvenes varones, lo que ha provocado disminución de las tasas de natalidad y poblaciones reducidas. También hay que tener en cuenta a los mutilados y heridos, a los traumatizados permanentemente, y a todos los que han enfrentado atrocidades inenarrables. No podemos concebir el terror que acompaña al triunfo del mal, o la desesperación de la derrota cuando esta cae sobre personas buenas.

La guerra conlleva secuelas terribles, entre ellas hambre y pestilencia, como veremos en capítulos posteriores. Cuando los aventureros españoles invadieron los imperios en México y Perú llevaron consigo la viruela y el sarampión que diezmaron a las poblaciones locales. Los soldados que regresaron de la Primera Guerra Mundial llevaron a casa el virus de H1N1, el cual infectó a un tercio de la población mundial y mató a más personas que la propia guerra.

C. S. Lewis conoció la maldición de la guerra. Durante la Primera Guerra Mundial sirvió en primera línea en Francia y resultó herido por la explosión de un proyectil.

Años después, cuando llegó la Segunda Guerra Mundial, escribió:

> Mis recuerdos de la última guerra acecharon mis sueños durante años. Para ser claros, el servicio militar incluye la amenaza de todos los males temporales; el dolor y la muerte, que es lo que tememos de la enfermedad; estar separados de nuestros seres amados, que es lo que tememos del exilio; trabajo duro bajo amos arbitrarios, que es lo que tememos de la esclavitud; hambre, sed y vulnerabilidad, que es lo que tememos de la pobreza. No soy pacifista. Si ha de ser, que así sea. Pero la carne es débil y egoísta, y creo que la muerte sería mucho mejor que vivir otra guerra.[2]

Así que aquí estamos, algunos miles de millones de almas que ocupamos un pequeño planeta giratorio, rodeadas por un universo impresionante y habitando un mundo de belleza inigualable. Sin embargo, nuestra historia está empapada de sangre, saturada de tristeza y dominada por ejércitos enormes que ahora tienen el potencial de desatar una carnicería mundial.

Sí, la guerra *es* algo horrible, pero en ocasiones es algo muy necesario. Nunca olvidaré la primera vez que leí la siguiente declaración:

> La guerra es algo muy feo, pero no es lo más feo: es peor el estado decadente y degradado del sentimiento moral y patriota, que piensa que nada es *digno* de una guerra. [...] Un ser humano a quien lo único que le importa es su seguridad personal es una criatura miserable que no tiene posibilidad de ser libre, a menos que lo consiga y lo mantenga por medio de hombres mejores que él mismo.[3]

Piense en esto: la guerra produce héroes y saca lo mejor de aquellos cuya causa es correcta. Sin guerras justas no se puede impedir la maldad. A los Hitler de la historia no se les habría detenido. Los dictadores prevalecerían.

Entonces, la guerra es una paradoja.

La doctora Margaret MacMillan, experta en la historia de la guerra, escribió:

> Otra verdad incómoda sobre la guerra es que trae tanto destrucción como creación. Muchos de nuestros avances en ciencia y tecnología (el motor a reacción, los transistores, las computadoras) surgieron porque fueron necesarios en tiempos de guerra. La penicilina, que ha salvado tantas vidas, la descubrió por primera vez Sir Alexander Fleming en 1928, pero los fondos para desarrollarla no estuvieron disponibles hasta la Segunda Guerra Mundial. El médico canadiense Norman Bethune fue pionero en las transfusiones de sangre en el campo de batalla. La práctica del

> triaje, ahora común en las salas de emergencia en los hospitales, se inició en las guerras. [...] La cirugía por heridas traumáticas o para reconstruir rostros destrozados hizo enormes avances durante las guerras del siglo XX.[4]

Algunos de los más grandiosos momentos de la historia han reflejado el valor de los líderes en tiempos de guerra. ¿A quién no le han conmovido las emotivas palabras de Churchill que representan uno de los más fabulosos momentos de liderazgo en el mundo moderno? «Por lo tanto, aprendemos a cumplir con nuestros deberes, y así soportarnos, que si el Imperio británico y la Mancomunidad duran mil años, los hombres todavía dirán: "Esta fue su hora más gloriosa"».[5]

La voz áspera de Churchill fue una de las mejores armas de Inglaterra cuando estimuló a su pueblo con valor resuelto: «No vamos a languidecer o fallar. Llegaremos hasta el final, lucharemos en Francia, lucharemos en los mares y océanos, lucharemos con creciente confianza y creciente fuerza en el aire, defenderemos nuestra isla, cualquiera que sea el costo, lucharemos en las playas, lucharemos en las pistas de aterrizaje, lucharemos en los campos y en las calles, lucharemos en las colinas, ¡nunca nos rendiremos!».[6]

El conflicto entre el bien y el mal, que cada uno de nosotros siente en su propia alma, encuentra su más grande zona de operación en los campos de batalla de la guerra. Por causa de la guerra la historia humana, con todos sus triunfos y tragedias, se ha encontrado dando tumbos de un momento a otro.

La causa de la guerra

Debido a que la maldición de la guerra es tan grande, durante mucho tiempo los filósofos han investigado su causa. ¿Por qué los pueblos pelean entre sí? ¿Por qué se levanta nación contra nación y reino contra reino? Svetlana Alexievich, periodista bielorrusa, escribió: «La guerra sigue siendo, como siempre ha sido, uno de los principales misterios humanos».[7]

La doctora MacMillan escribió: «La evidencia parece estar de lado de aquellos que afirman que los seres humanos, hasta donde sabemos, han tenido la propensión de atacarse unos a otros en forma organizada, es decir, declararse la guerra. Eso nos desafía a entender por qué es que los seres humanos están dispuestos a matarse unos a otros, y son capaces de hacerlo».[8]

¿Por qué ocurre esto?

Los antiguos creían que la Guerra de Troya comenzó cuando Zeus llegó a la conclusión de que había demasiados habitantes en la tierra e incitó a los humanos a pelear y matarse unos a otros. También hay aquellos que señalan la teoría de la evolución de Darwin y su concepto de la sobrevivencia de los más fuertes.

Pero no podemos culpar de la realidad de la guerra a dioses míticos o a esquemas evolutivos.

Uno de los libros más escalofriantes sobre este tema, *Aquellos hombres grises*, de Christopher R. Browning, describe cómo una unidad de hombres alemanes promedio, de mediana edad, de la clase trabajadora, se convirtieron en asesinos a sangre fría capaces de matar sin ningún remordimiento. Estos soldados no solo cometieron asesinatos en masa, sino que también acorralaban a los judíos para deportarlos a los campos de exterminio. La inquietante tesis de Browning es que casi todos nosotros somos capaces de cometer tales atrocidades si estamos en un ambiente que altera las normas morales, crea dinámicas de grupo y se doblega ante las autoridades.

En resumen, la causa de la guerra es el corazón humano, y podemos rastrear el problema hasta el momento en que Adán y Eva desobedecieron por primera vez a Dios. La ruptura vertical que el pecado causó en su relación con el Señor produjo una correspondiente ruptura horizontal entre un individuo y otro.

En primer lugar, Adán y Eva se escondieron de Dios, luego Caín mató a Abel. Desde ese día en adelante la historia y las páginas de la Biblia han estado marcadas por la guerra. Es más, la palabra *guerra* aparece más de trescientas veces en el Antiguo Testamento. Más de doscientas veces en el Antiguo Testamento se llama a Dios «el Señor de los ejércitos». Después que Moisés y los hijos de Israel escaparon de las garras de Faraón gracias a la intervención del Señor, entonaron este cántico de victoria: «Jehová es varón de guerra; Jehová es su nombre» (Éxodo 15:3).

Muchos de los grandes siervos de Dios fueron militares: Saúl, David, Moisés, Gedeón y varios de los reyes de Israel. Este fue el testimonio del rey David: «Bendito sea Jehová, mi roca, quien adiestra mis manos para la batalla» (Salmos 144:1).

A menudo las personas suponen que la guerra es común en el Antiguo Testamento, pero que se menciona brevemente en el Nuevo Testamento. Sin embargo, ese no es el caso. Por ejemplo, siempre que un soldado aparece en el registro del Nuevo Testamento se le dan elogios y muestras de aprecio. Los apóstoles utilizaron el lenguaje de guerra en muchas ocasiones para ilustrar el viaje del creyente. Hablaron «de las pasiones que lleváis siempre en pie de guerra en vuestro interior» (Santiago 4:1, BLP). Dieron instrucciones a sus seguidores de «que se abstengan de las pasiones carnales que combaten contra el alma» (1 Pedro 2:11, NBLA). Se les dijo que por medio de Cristo podrían llegar a ser «más que vencedores» (Romanos 8:37). Pablo estimuló a Timoteo: «Pelea la buena batalla» (1 Timoteo 1:18, NBV). Estos son solo unos pocos ejemplos de tales usos.

Pienso que es seguro afirmar que debido al conflicto entre el bien y el mal que se originó en el huerto de Edén, la guerra se ha convertido en un tema importante en la historia humana, y lo seguirá siendo hasta el mundo del fin.

El curso de la guerra

Después de mirar la maldición y la causa de las guerras veamos ahora su curso. Según indiqué, el conflicto humano comenzó con Adán y Eva, y Caín y Abel. A lo largo de la historia, la tecnología de guerra ha avanzado hasta este momento, cuando el mundo ha producido suficiente armamento para matar varias veces a todos los habitantes de la tierra.

Eso nos transporta de nuevo a las palabras de Jesús en Mateo 24: «Oiréis de guerras y rumores de guerras; mirad que no os turbéis, porque es necesario que todo esto acontezca; pero aún no es el fin. Porque se levantará nación contra nación, y reino contra reino» (vv. 6-7).

¿Recuerda usted cuando anteriormente aseveré que ha habido solo unos pocos años en la historia del mundo sin ningún conflicto nacional e internacional? Algunos de esos años ocurrieron durante la vida de Jesús, cuando el mundo experimentó una época de relativa tranquilidad. Esta fue la era dorada de la vida romana, cuando las artes, la literatura y la tecnología avanzaron a alturas nunca antes vistas. El Imperio romano gobernaba la cuarta parte de la población mundial.

En ese tiempo pocas personas habrían predicho el regreso y la aceleración de los conflictos globales, pero Jesús sabía lo que se avecinaba. Inequívocamente les dijo a sus discípulos: «Oiréis de guerras».

También les aseveró que oirían de «rumores de guerras». Esa palabra *rumores* es una traducción del término griego original *akoe*, que puede significar «reporte» o «sonido». Si Jesús pensó en esto último, estaba diciéndoles a sus discípulos que oirían hablar de guerras verdaderas y de reportes de otros acontecimientos que no podían ser verificados.

Sin embargo, muchos expertos creen que la mejor traducción del término es «retumbo» o «ruido».

En otras palabras, usted oirá hablar de guerras lejanas, y realmente escuchará los sonidos de guerras cercanas. Tales guerras llegarán a usted, a su puerta, a su ciudad. La traducción de la Nueva Biblia Española declara: «Van a oír estruendo de batallas y noticias de guerras» (Mateo 24:6). Un comentarista aseveró: «"Guerras y rumores de guerras" puede significar guerras y amenazas de guerra, guerras cercanas y lejanas, o conflictos y guerras inminentes».[9]

Hay eruditos bíblicos que creen que la frase «guerras y rumores de guerras» representa la primera descripción de una guerra mundial: «Esta expresión es un modismo hebreo para una guerra mundial. La declaración de Jesús aquí es que cuando ocurra una guerra mundial, en vez de simplemente una guerra local, esa guerra mundial señalaría que el fin de la era habría comenzado».[10]

En cualquier caso, la idea es que habrá guerras en todas partes, las cuales aumentarán en intensidad, alcance y temor a medida que la era se acerca a su conclusión ordenada por Dios.

Mientras escribo esto, la invasión rusa a Ucrania continúa con imágenes desgarradoras cada noche por televisión. Vladimir Putin ha acumulado la mayor colección de armas nucleares del mundo, y ha amenazado con «usarlas, si fuera necesario».[11]

China está rodeando a Taiwán con buques de guerra mientras el gobierno comunista realiza juegos y simulacros de guerra. El experto en asuntos de China, Evan Osnos, sostiene que esta nación está «preparándose para perfilar el siglo XXI, de la misma forma que Estados Unidos perfiló el siglo XX».[12] Otro observador de China, Rush Doshi, escribió: «China representa un desafío diferente a cualquier otro que Estados Unidos haya enfrentado».[13]

Tanto Pakistán como India poseen armas nucleares, y una provocación errada en el momento errado podría significar un desastre.

En este momento se sabe que nueve países poseen armas nucleares, y el inventario global se calcula en trece mil armas. Según los expertos, «las ojivas de *un* solo submarino nuclear estadounidense tienen siete veces el poder destructivo de todas las bombas lanzadas durante la Segunda Guerra Mundial, incluidas las dos bombas atómicas arrojadas sobre Japón». Sí, usted leyó bien. ¡Solamente en un submarino! Y en la actualidad hay diez de esos submarinos estadounidenses merodeando por los océanos del mundo.[14]

Pero los océanos también están llenos con submarinos de otras naciones, todos con iguales cargas explosivas. Se ha iniciado una nueva carrera armamentística en la que casi todas las potencias nucleares trabajan horas extras para aumentar sus arsenales. Se calcula que China tiene trescientos cincuenta ojivas nucleares, con aproximadamente cien asignadas a misiles capaces de alcanzar Estados Unidos.

El Reino Unido tiene ciento veinte armas nucleares, «con cuarenta desplegadas en cualquier momento» sobre submarinos Trident. Francia tiene «casi trescientas armas nucleares» desplegadas, la mayoría en submarinos.

NACIONES CON ARMAS NUCLEARES

Países	Cálculo del número de armas nucleares
Rusia	5.977
Estados Unidos	5.428
China	350
Francia	290
Reino Unido	225
Pakistán	165
India	160
Israel	90
Corea del Norte	20

«Situación de las fuerzas nucleares mundiales», Federación de científicos estadounidenses, https://fas.org/issues/nuclear-weapons/status-world-nuclear-forces/.

Corea del Norte tiene suficiente material nuclear para hasta cuarenta armas, y algunos expertos creen que la mitad de ellas ya se han ensamblado.

Israel rara vez habla de su capacidad nuclear, pero se enfrenta a una amenaza existencial de los apocalípticos gobernantes islámicos de Irán que juran destruir el estado judío.[15] Podemos estar seguros de que los israelíes están muy bien armados y listos para responder.

Solo es la gracia de Dios la que hasta ahora ha impedido que un grupo terrorista detone un artefacto nuclear en alguna parte del planeta, quizás en una ciudad cercana a usted.

El tiempo no me permitirá analizar las armas biológicas y otros terrores. Si todas las armas nucleares de la tierra se desplegaran y detonaran al mismo tiempo, es probable que el planeta en sí se reduciría a una bola incinerada de carbón calcinado.

No creo que eso vaya a suceder, porque el Señor nos ha dado una visión del futuro en Mateo 24 y en el libro de Apocalipsis. De un momento a otro, Jesús vendrá por su iglesia, y los acontecimientos descritos en Mateo 24 que han ido creciendo en intensidad y frecuencia darán lugar a una serie de guerras como nunca antes se han visto en la historia humana, alcanzando finalmente su cenit en Armagedón.

Pero la Biblia afirma que esa guerra será repentinamente interrumpida por el majestuoso regreso de Cristo, de cuya boca procede una espada aguda (Apocalipsis 19:11-21). Él salvará a su pueblo de la aniquilación, protegerá al mundo de la destrucción total y establecerá un reino en el que gobernarán extraordinaria paz y justicia.

En otras palabras, por aterradores que puedan parecer nuestros conflictos mundiales actuales, podemos consolarnos con la verdad de que el curso de la guerra nos llevará finalmente a Cristo.

Nuestra confianza

Jesús resumió todas estas ideas cuando advirtió de «guerras y rumores de guerras». Pero lo que dijo a continuación es lo que parece más sorprendente. Habríamos esperado que Jesús dijera: «Oirán de guerras y rumores de guerras, así que estén preparados para los problemas. Mantengan una mirada ansiosa en los tiempos. Esperen sentirse inquietos y prepárense para los muchos enemigos y dificultades que vendrán».

Pero no; eso no es lo que Jesús declaró. Nuestro Señor nos dijo: «Ustedes oirán sobre guerras y rumores de guerras, pero no se asusten» (Mateo 24:6, PDT).

La palabra griega para «asusten» significa estar aterrados, clamar en voz alta, gritar. Jesús estaba diciéndonos que no nos dejemos llevar por el pánico, aunque estemos rodeados por guerras y rumores de guerra. ¿Cómo es posible eso? La respuesta está encerrada en la paz que podemos hallar en la promesa de Dios, en la presencia de Dios y en el plan de Dios.

Paz en la promesa de Dios

En primer lugar, podemos elegir «no preocuparnos» por la realidad de la guerra, porque Dios ha prometido que un día ya no será una realidad. La guerra cesará. Al igual que usted, me siento acongojado por los conflictos que perjudican y destruyen a tantos, especialmente a tantas personas inocentes. Podemos hacer buenas preguntas sobre por qué suceden estas cosas. Pero viene el día en que Salmos 46 se cumplirá: «Él hace cesar las guerras en toda la tierra» (v. 9, NTV).

Isaías habló de los días del reino venidero de Jesús cuando reinará desde Jerusalén, y todas las tribus de la tierra escucharán sus enseñanzas y aprenderán sus caminos: «Y volverán sus espadas en rejas de arado, y sus lanzas en hoces; no alzará espada nación contra nación, ni se adiestrarán más para la guerra» (2:4).

El doctor M. R. DeHaan escribió de este día:

> La Biblia está repleta con profecías de una era venidera de paz y prosperidad. Será un tiempo en que la guerra se desconocerá por completo. Ni una sola fábrica de armamento estará funcionando, ni un solo soldado o marinero estará en uniforme, no existirá ningún campamento militar, y ni un céntimo se gastará en armamentos de guerra, ni un solo centavo se utilizará en defensa, mucho menos en una guerra ofensiva. ¿Puede usted imaginar una época así, cuando todas las naciones estarán en perfecta paz, todos los recursos estarán disponibles para disfrutar, todas las industrias se dedicarán a los artículos de un lujo pacífico?[16]

Aún no hemos llegado a ese día, pero Dios ha prometido que vendrá. Mientras tanto, aunque haya guerra en el mundo, puede haber paz en los corazones de los hijos de Dios.

Paz en la presencia de Dios

Nada es más importante, ni que aumente más la confianza, que la promesa de que Dios estará con nosotros durante las épocas difíciles, incluso en toda clase de conflictos. He aquí solo algunas de esas promesas:

- «No se descorazonen. No tengan miedo ni se espanten [...] porque el Señor su Dios va con ustedes, y peleará en favor de ustedes contra sus enemigos, y les dará la victoria» (Deuteronomio 20:3-4, RVC).
- «Jehová va delante de ti; él estará contigo, no te dejará, ni te desamparará; no temas ni te intimides» (Deuteronomio 31:8).

- «Nadie te podrá hacer frente en todos los días de tu vida. Así como estuve con Moisés, estaré contigo. No te dejaré ni te abandonaré. [...] ¿No te lo he ordenado Yo? ¡Sé fuerte y valiente! No temas ni te acobardes, porque el SEÑOR tu Dios estará contigo dondequiera que vayas» (Josué 1:5, 9, NBLA).
- «Cuando pases por las aguas, yo estaré contigo» (Isaías 43:2).
- «Él dijo: No te desampararé, ni te dejaré; de manera que podemos decir confiadamente: El Señor es mi ayudador; no temeré lo que me pueda hacer el hombre» (Hebreos 13:5-6).

La promesa de la presencia de Dios en nuestras vidas es tan importante que cuando envió a su Hijo a nuestro mundo para darnos salvación, uno de los nombres que se le dio celebra su presencia con nosotros: «He aquí, una virgen concebirá y dará a luz un hijo, y llamarás su nombre Emanuel, que traducido es: Dios con nosotros» (Mateo 1:23).

Jim y Marina Noyes estaban en Ucrania cuando Rusia invadió. Pasaron los diez primeros días de guerra en Kiev, donde habían plantado una iglesia. Querían quedarse en Ucrania, pero tenían dos nietos, uno de ellos una niña con necesidades especiales que debía usar un caminador para moverse. Un día Marina oyó a la niña hablando en ucraniano con su muñeca. La pequeña le decía: «No te preocupes. Que no cunda el pánico, cariño. Todo irá bien. Mamá está contigo».

¡De los labios de una niña!

Jim y Marina, su hijo y su nuera, y los dos niños sortearon el conflicto para escapar de Ucrania. Cuando Jim y Marina llegaron a Estados Unidos, contaron su historia.

Marina declaró, hablando a favor del pueblo ucraniano: «Cuando llega el problema, lloramos. Cuando se pone mal, oramos. Cuando se vuelve insoportable, cantamos». Marina contó que los ucranianos han compuesto miles de canciones desde que comenzó la guerra. Ella añadió: «Ucrania siempre ha sido religiosa, pero ahora realmente se está volviendo a Dios».[17]

Nuestra paz en medio del conflicto, nuestra capacidad para cantar en medio de la tormenta, viene de Aquel que manifestó: «No se turbe vuestro corazón, ni tenga miedo» (Juan 14:27). Él es el mismo Salvador que nos advirtió: «En el mundo tendréis aflicción; pero confiad, yo he vencido al mundo» (16:33).

Paz en el plan de Dios

Veamos una vez más Mateo 24:6-7, esta vez de la Nueva Traducción Viviente: «Oirán de guerras y de amenazas de guerras, pero no se dejen llevar por el pánico. Es verdad, esas cosas deben suceder, pero el fin no vendrá inmediatamente después. Una nación entrará en guerra con otra, y un reino con otro reino».

Todas esas cosas deben suceder.

Me encanta cuando Jesús dice «deben». Esto indica los decretos indiscutibles e inexorables del Dios todopoderoso en las cosas grandes y pequeñas que deben cumplirse y se cumplirán. Puesto que Jesús conoce las cosas que «deben» cumplirse, podemos descansar en él y morar en su paz; independientemente de lo que pueda estar haciendo nuestro mundo y dondequiera que esté girando.

A finales de 2021 un equipo de dos personas de Juventud para Cristo del Líbano fue al oriente de Sudán con el fin de ayudar a organizar allí el trabajo de JPC y evangelizar zonas rurales. John Sagherian era un viudo de setenta y cuatro años. Elie Heneine, de veintisiete, era un obrero de JPC recién casado.

John y Elie se reunieron temprano en el hotel en su primer día para comenzar su trabajo. Al ver que todas las personas allí estaban reunidas alrededor de un televisor, ellos se enteraron de que los militares habían dado un golpe militar nocturno en la capital, Jartum. Sudán estaba en crisis... otra vez. Los aeropuertos se hallaban restringidos, y la población se encontraba tensa.

Al instante, todo lo que los dos hombres habían planeado quedó en suspenso. La esposa de Elie los mantenía al tanto desde el Líbano con las noticias que escuchaba, y parecía imposible que la misión de los dos hombres continuara. Sin embargo, decidieron hacer todo lo que estaba a su alcance.

Dos días antes del golpe John quiso conocer a un hombre llamado Sabet, quien mostraba potencial de liderazgo y había reclutado a otros para que le ayudaran en la obra de evangelización. Así que John y Elie se dirigieron al lugar de reunión y encontraron a treinta personas sentadas en sillas plásticas en una estructura de tres paredes y techo de hojalata.

John tenía un mensaje que predicaba a menudo, así que sacó su Biblia y lo predicó. El título era: «¿Por qué está Dios haciéndonos esto?». Le aseguró a la congregación que Dios tenía un plan, incluso en medio de los problemas y conflictos. En lugar de mostrar enojo y amargura, deberíamos estar atentos para ver lo que él está haciendo.

Les dijo así: «Nuestra constante pregunta a Dios debe ser: "¿Y ahora qué, Señor"?».

El mismo día del golpe, Sabet llevó a John y Elie en un bicitaxi de tres ruedas a reunirse con treinta y cinco líderes de iglesias. El bicitaxi estaba repleto con otros cinco pasajeros y un cabrito. Con el conductor eran quince. Transitaron en medio de disturbios y sitios de protesta. Finalmente llegaron a su destino. John predicó de Salmos 78 a los jóvenes obreros.

Las condiciones en el oriente de Sudán empeoraron. El gobierno cortó en todo el país el servicio de telefonía e Internet. Justo cuando John y Elie decidieron regresar a casa, cerraron los aeropuertos.

¿Y ahora qué, Señor?

Cerca de ellos había una escuela en una aldea muy pobre. Noventa y cinco por ciento de los estudiantes eran musulmanes, pero el director era cristiano, un hombre a quien diez años antes Sabet había llevado al Señor. Este hombre había ganado a algunos otros para Cristo, los reunió en su casa, y comenzó una iglesia. Ahora, en medio de una crisis nacional, el mismo director reunió a todos los estudiantes y le pidió a John que les predicara de Jesús.

Al haber sido un obrero de Juventud para Cristo durante décadas, John estaba ansioso por testificar y hacer un llamado al altar. Basado en sus propias experiencias, creyó que se presentaría un centenar de estudiantes y tal vez cinco o algo así se salvarían. Por el contrario, aparecieron más de mil estudiantes en el patio de la escuela. John predicó el evangelio y explicó el camino de salvación eterna que Jesús ofrece. Luego pidió que se pusiera de pie quien quisiera entregar su vida a Cristo.

La multitud estaba nerviosa, pero finalmente una persona se puso de pie. Luego una segunda, una tercera, y una cuarta. Al poco tiempo, todo el cuerpo estudiantil estaba de pie. Pensando que no habían entendido, John hizo que todos se sentaran mientras les explicaba la importancia de esta decisión. Esta vez pidió a quienes querían seguir a Cristo que levantaran la mano. Ochenta por ciento de los estudiantes lo hicieron.

Finalmente John y Elie regresaron al Líbano, pero me gusta la forma en que Elie resumió el viaje: «Dios movió las circunstancias y las personas, poniéndonos en lugares que no podríamos haber imaginado. Fue como una partida de ajedrez bien jugada, y Dios ganó».[18]

En cierto nivel, parece que toda la historia humana estuviera en una partida de ajedrez entre Dios y el diablo, pero no hay duda de quién ha ganado, quién está ganado y quién asegurará siempre la victoria.

Por eso es que Jesús nos dijo que oiríamos de guerras y rumores de guerras, ¡pero que no nos asustáramos! La única manera de hacer eso es por medio de la fe, ¡al confiar en Jesucristo!

Isaías formuló esto de esta manera: «Tú guardarás en completa paz a aquel cuyo pensamiento en ti persevera; porque en ti ha confiado» (26:3).

Me gusta lo que Paul David Tripp escribió:

> La paz se encuentra confiando en la Persona que controla todas las cosas que no comprendes y en Aquel que no conoce el misterio pues Él lo ha planeado todo. ¿Cómo es que experimentas esta incomparable paz? [...] La puedes experimentar al estar pensando siempre en Dios.
>
> Entre más medites en Su gloria, Su poder, Su sabiduría, Su gracia, Su fidelidad, Su rectitud, Su paciencia, Su celo por redimir y Su compromiso a Sus promesas eternas para ti, más podrás sobrellevar el misterio en tu vida. [...] Es verdad que en tiempos de conflicto la paz no se encuentra tratando de descifrar tu vida, sino adorando a Aquel que tiene todo descifrado.[19]

Confiemos en el Señor Jesucristo la salvación de nuestras almas. Confiemos nuestras luchas y penas al Señor Jesús. Confiemos nuestro servicio a Jesús. Él tiene un trabajo para nosotros en estos últimos días. Y al encontrar obstáculos, al viajar en bicitaxis y al vernos en medio del conflicto, simplemente preguntemos: «¿Y ahora qué, Señor?». Él quiere usarnos más de lo que sabemos, y puede hacer mucho más que todo lo que podemos pedir o imaginar (Efesios 3:20).

Sí, oiremos de disensión, de guerras y rumores de guerra, pero no nos dejemos llevar por el pánico. Estas cosas deben suceder, pero Jesús está a punto de venir, ¡justo a tiempo!

Bruce Belfrage fue un actor inglés que se convirtió en reportero y lector de noticias para la British Broadcast Company. Mientras la batalla de Gran Bretaña aterrorizaba a Londres durante la Segunda Guerra Mundial, la fuerza aérea alemana bombardeaba la ciudad con incesantes ataques aéreos. La sede de la BBC no se salvó.

La noche del 15 de octubre de 1940, la BBC recibió un impacto directo de una bomba alemana de reacción retardada de quinientas libras, la cual explotó durante las noticias de las nueve. Siete personas resultaron muertas. Bruce Belfrage estaba leyendo las noticias en ese mismo instante, aun mientras yeso, hollín y humo lo envolvían. Para asombro de todo el mundo, Belfrage no se alteró en ningún momento. Tranquilamente siguió leyendo las noticias como si nada hubiera ocurrido. Lo único que los oyentes escucharon en casa fue un ruido sordo y alguien susurrando: «¿Estás bien?».

El único comentario de Belfrage fue: «Sigue adelante. Todo está bien».[20]

Eso es lo que Jesús nos está diciendo en Mateo 24:6-7. Incluso en un mundo agotado por la guerra necesitamos mantener la calma y seguir adelante.

Lo resumiré de este modo: vivimos en un mundo que combatirá desde Armagedón hasta Armagedón, pero servimos a un Señor que reina desde la eternidad hasta la eternidad.

¡No permitamos que nuestro corazón se llene de pánico!

Confiemos en Cristo y sigamos adelante. *Tengamos calma.*

Diez versículos para ayudarnos a *tener calma*

«No desmaye vuestro corazón, no temáis, ni os azoréis, ni tampoco os desalentéis delante de ellos; porque Jehová vuestro Dios va con vosotros, para pelear por vosotros contra vuestros enemigos, para salvaros» (Deuteronomio 20:3-4).

«Como estuve con Moisés, estaré contigo; no te dejaré, ni te desampararé. [...] Mira que te mando que te esfuerces y seas valiente; no temas ni desmayes, porque Jehová tu Dios estará contigo en dondequiera que vayas» (Josué 1:5, 9).

«Estos confían en carros, y aquellos en caballos; mas nosotros del nombre de Jehová nuestro Dios tendremos memoria» (Salmos 20:7).

«Aunque un ejército acampe contra mí, no temerá mi corazón; aunque contra mí se levante guerra, yo estaré confiado. Una cosa he demandado a Jehová, esta buscaré; que esté yo en la casa de Jehová todos los días de mi vida» (Salmos 27:3-4).

«Él ha puesto fin a las guerras hasta lo último de la tierra. Destruye el arco, rompe la lanza y quema los carros de combate. Dios dice: "Dejen de pelear y acepten que yo soy Dios, todos me

darán honor. Yo gobierno a las naciones y controlo al mundo entero"» (Salmos 46:9-10, PDT).

«Bendito sea Jehová, mi roca, quien adiestra mis manos para la batalla, y mis dedos para la guerra; misericordia mía y mi castillo, fortaleza mía y mi libertador, escudo mío, en quien he confiado» (Salmos 144:1-2).

«El caballo se prepara para el día de la batalla, pero la victoria pertenece al SEÑOR» (Proverbios 21:31, NTV).

«Tú guardarás en completa paz a aquel cuyo pensamiento en ti persevera; porque en ti ha confiado» (Isaías 26:3).

«La paz os dejo, mi paz os doy; yo no os la doy como el mundo la da. No se turbe vuestro corazón, ni tenga miedo» (Juan 14:27).

«Sean conocidas vuestras peticiones delante de Dios en toda oración y ruego, con acción de gracias. Y la paz de Dios, que sobrepasa todo entendimiento, guardará vuestros corazones y vuestros pensamientos en Cristo Jesús» (Filipenses 4:6-7).

Capítulo 4

EN UN MUNDO DE DESASTRES, *TENGAMOS CONFIANZA*

Habrá pestes, y hambres, y terremotos en diferentes lugares.

MATEO 24:7

¿Ha querido usted alguna vez visitar un planeta distante? ¿O sentir como si estuviera en uno? Pues vaya de vacaciones al Parque Nacional Yellowstone. El terreno parece de otro mundo, y en algunos lugares se sentirá como si estuviera en el set de una película de ciencia ficción.

Más de diez mil fuentes hidrotérmicas burbujean en Yellowstone: géiseres, ollas de barro, respiraderos de vapor, fumarolas y fuentes termales. La Gran Fuente Prismática es un estanque hirviente multicolor más grande que una cancha de fútbol. En el centro se aprecian profundos tonos azules rodeados por franjas verdes y amarillas, con muchas franjas anaranjadas en las orillas. Los colores son causados por diferentes especies de bacterias amantes del calor. El vapor que brota del estanque produce una sensación espeluznante. El suelo alrededor del estanque se asemeja a la masa de un pastel.

Al recorrer Yellowstone conviene recordar que se camina por la cima de un supervolcán activo que ha entrado en erupción varias veces en el pasado. Cada momento de cada día, equipos de diferentes universidades, sociedades geológicas y agencias federales monitorean la actividad sísmica de la zona.

Solo en 2021 se registraron 2.773 terremotos en la región de Yellowstone.[1] Según explicó el reportero Brad Plumer, «debajo del Parque Nacional de Yellowstone hay un depósito de magma caliente a cinco millas [ocho kilómetros] de profundidad, alimentado por una gigantesca columna de roca fundida que brota de cientos de millas más abajo».[2]

¿Qué ocurriría si el volcán explotara? Plumer escribió que una gran erupción «podría arrojar cenizas a miles de kilómetros [...] dañando edificios, sofocando cultivos y cerrando las plantas de energía». Los estados de Wyoming, Montana, Idaho y Colorado quedarían sepultados en un metro de «ceniza volcánica, una combinación de roca astillada y vidrio».[3]

Tal erupción haría que «el monte St. Helens pareciera un hipo».[4]

Algunos geólogos creen que las nubes de ceniza venenosa se podrían extender a través de Estados Unidos y Canadá con la fuerza de un huracán. La ceniza podría destrozar pulmones, hacer colapsar techos, derribar transformadores y amenazar la red eléctrica de la nación. Podría crear un superinvierno que duraría una década.

Al decir esto no estoy desaconsejando la visita a Yellowstone. Los científicos no predicen erupciones en algún momento. Además, de ser posible, cada familia debería mostrar a sus hijos lo que Dios ha obrado en este asombroso rincón de Wyoming.

Y sin embargo...

Cuando leo las descripciones de la Palabra de Dios acerca de lo que sucederá un día, y al recordar que hay por lo menos doce supervolcanes más alrededor del globo, no puedo dejar de pensar en las escenas del libro de Apocalipsis. Los desastres naturales formarán parte de la tribulación, pero no se limitan al final de la historia. De acuerdo con el mensaje de nuestro Señor en el Monte de los Olivos, estos elementos (terremotos, hambres, plagas, desastres) seguirán aumentando en intensidad y frecuencia a medida que nos acercamos al día definitivo del regreso de nuestro Señor.

Eso nos lleva a la siguiente predicción de nuestro Señor en Mateo 24.

Como ya hemos visto, el mundo del fin será un lugar difícil y peligroso, definido por la destrucción, el engaño y la guerra. La profecía de Jesús deja esto en claro. Al avanzar en el versículo 7 en su Discurso del Monte de los Olivos vemos una repetición de la promesa anterior de Jesús respecto de guerras y rumores de guerras. Él reiteró: «Se levantará nación contra nación, y reino contra reino».

La segunda mitad del versículo 7 debería hacernos revisar nuestras pólizas de seguros. Según Cristo, «habrá pestes, y hambres, y terremotos en diferentes lugares».

En otras palabras, el mundo del fin estará cada vez más lleno de devastación y desastre junto con todos sus efectos consiguientes.

Los desastres globales son inevitables

Usted podría expresar: «Un momento, siempre ha habido desastres naturales en la historia humana. Cada siglo ha soportado hambres, pestes y terremotos. Por tanto, ¿cómo pueden los desastres naturales ser una profecía o una señal para el mundo del fin?».

La respuesta se encuentra en el principio de los dolores de parto que mencioné anteriormente. Ninguna de las promesas proféticas de Jesús del Discurso del Monte de los Olivos será exclusiva para el final de la historia. Lo que *será* exclusivo es la frecuencia e intensidad con que esos sucesos impactarán nuestro mundo. Cuanto más nos acerquemos al último capítulo de la civilización humana, más experimentaremos los inevitables peligros que Jesús predijo en Mateo 24.

Hambres

De pie en el Monte de los Olivos, Jesús utilizó una palabra aterradora, una que a sus discípulos les hizo recordar una serie de historias del Antiguo Testamento: «Habrá [...] hambres» (Mateo 24:7).

Mientras escuchaban el mensaje de nuestro Señor, quizás Pedro, Santiago, Juan y Andrés recordaron el hambre que llevó a los israelitas a Egipto al final del Génesis. O al hambre que llevó a Noemí y su familia a Moab en el libro de Rut. Los discípulos pudieron haber pensado en el hambre desencadenada en la época de Elías, cuando Dios retuvo la lluvia en Israel durante tres años y medio.

El profeta Jeremías anticipó las señales de los tiempos cuando vinculó la guerra, el hambre y las pestes en Jeremías 14:12, declarando: «Los consumiré con espada, con hambre y con pestilencia». Recuerde lo que Jesús afirmó en Mateo 24:7: «Se levantará nación contra nación, y reino contra reino; y habrá pestes, y hambres, y terremotos en diferentes lugares».

Una vez más, las palabras de Jesús encajan a la perfección con los juicios de los sellos relatados en Apocalipsis 6. En la visión profética de Juan, el feroz caballo bermejo de la guerra está seguido por el caballo negro del hambre y el amarillo de la muerte.

Jesús y los escritores de la Biblia entendían los patrones recurrentes de la historia: espada, hambre y pestilencia.

Así también actúan los humanitarios modernos. El Global Hunger Index, que es recopilado y publicado por organizaciones humanitarias europeas, en realidad utilizó lenguaje de Apocalipsis 6 para describir las actuales condiciones en nuestro mundo. En un informe en línea llamado «El conflicto armado y el desafío del hambre», el Index reveló que «la guerra y el hambre, dos temibles jinetes, han cabalgado durante mucho tiempo uno al lado del otro. Los conflictos armados perturban los sistemas alimentarios, destruyen los medios de subsistencia, desplazan a las personas y dejan a quienes no huyen aterrorizados e inseguros de cuándo comerán su próxima comida».

El reporte continuó:

> Las hambres actuales son «emergencias humanitarias complejas», causadas principalmente por conflictos armados y exacerbadas por desastres naturales o políticas internacionales. [...] Estas «nuevas guerras» [...] involucran no solo a ejércitos estatales e insurgentes, sino también a paramilitares y milicias étnicas, bandas delincuenciales, mercenarios y fuerzas internacionales. La mayoría de nuevas guerras son hostilidades civiles, que se extienden cada vez más sobre las fronteras, interrumpen los medios de vida y los sistemas alimentarios, y obligan a las personas a huir.

Los redactores del informe hicieron luego esta profunda observación: «El hambre es de alguna manera diferente de otras tensiones humanas. La comida y el hambre tocan una profunda cuerda emotiva, incluso entre las personas que nunca se han enfrentado personalmente a la inanición. En todo el mundo, la gente cree que un gobierno que no puede alimentar a su pueblo ha perdido su legitimidad».[5]

Un ejemplo que tenemos a la vista es Ucrania. Antes de la invasión de Rusia a Ucrania, estas dos naciones juntas producían aproximadamente 30 % del suministro mundial de cereales.[6] La guerra ha perturbado a Ucrania, amenazando con empujar a otros cuarenta y siete millones de personas al hambre extrema. Incluso escuché un informe reciente que advierte que la crisis se prolongará por años.[7]

Comprendo que muchos de nosotros tenemos comida en nuestras despensas, y que son pocos quienes echan de menos alguna comida.

Pero el hambre achecha cerca de la superficie de Estados Unidos; muchos niños van a la escuela cada mañana con los estómagos vacíos. Una organización descubrió que casi millón y medio de los residentes de la Ciudad de Nueva York enfrentan inseguridad alimentaria, incluido uno de cada cuatro niños.[8] Según *The Hill*, aproximadamente 14 % de las familias de militares estadounidenses padecen inseguridad alimentaria.[9]

No soy fanático de mucho de lo que sucede con los globalistas en Davos. Pero en la última reunión del Foro Económico Mundial, Kristalina Georgieva, directora general del Fondo Monetario Internacional, dijo algo relevante sobre este tema: «"La ansiedad por el acceso a los alimentos a un precio razonable a nivel global está alcanzando el techo" a medida que los precios siguen "subiendo, subiendo y subiendo"».[10]

Estas novedades han sorprendido a los líderes de nuestra época, pero Jesús las vio venir. Podemos confiar en lo que la Biblia dice acerca del futuro, incluso el aumento en hambrunas a medida que nos acercamos al mundo del fin.

Plagas

Jesús siguió diciendo en Mateo 24:7: «Y habrá pestes». La palabra griega que Mateo utilizó para «pestes» es *loimos*. Ese término no describe malestares menores o enfermedades estacionales. Más bien, las pestes que Jesús predijo son enormes en escala e impacto. Se extenderán por grandes regiones del mundo y serán difíciles de controlar.

Curiosamente, existe una fuerte conexión en las Escrituras entre el hambre y la peste. Por ejemplo:

- Al describir las maldiciones que caerían sobre la nación de Israel si rechazaban a Dios, Moisés escribió: «Consumidos serán de hambre, y devorados de fiebre ardiente y de peste amarga» (Deuteronomio 32:24).

- Amenazado por los enemigos, el rey Josafat de Judá declaró su fe en Dios al expresar: «Si mal viniere sobre nosotros, o espada de castigo, o pestilencia, o hambre, nos presentaremos delante de esta casa, y delante de ti (porque tu nombre está en esta casa), y a causa de nuestras tribulaciones clamaremos a ti, y tú nos oirás y salvarás» (2 Crónicas 20:9).

Esta no es una conexión fortuita. Las guerras provocan escasez de alimentos. Cuando los alimentos escasean, las personas sufren privaciones nutricionales. Su salud se altera, lo que crea un ambiente propicio para el florecimiento de enfermedades.

Las pandemias globales han sido relativamente raras en la historia. La peste de Justiniano mató probablemente entre veinticinco y cincuenta millones de personas en el siglo VI.[11] La «peste bubónica provocó más o menos doscientos millones de muertes en el siglo XIV».[12] Hubo además otras plagas menores que asolaron diferentes regiones del mundo en siglos posteriores. Pero episodios de gran escala de pestes han sido pocos y esporádicos.

Sin embargo, en nuestra época el mundo se ha interconectado cada vez más. El siglo XX comenzó con la pandemia de la gripe española, que mató a más de cuarenta millones de personas en todo el mundo. La gripe asiática y la gripe de Hong Kong provocaron más de un millón de muertes en las décadas de los cincuenta y los sesenta, respectivamente. La epidemia de VIH/SIDA ha provocado treinta y cinco millones adicionales de muertes y sigue haciendo estragos. En el siglo XXI ya hemos visto gripe porcina, SARS, MERS, ébola y, sí, la COVID-19.[13]

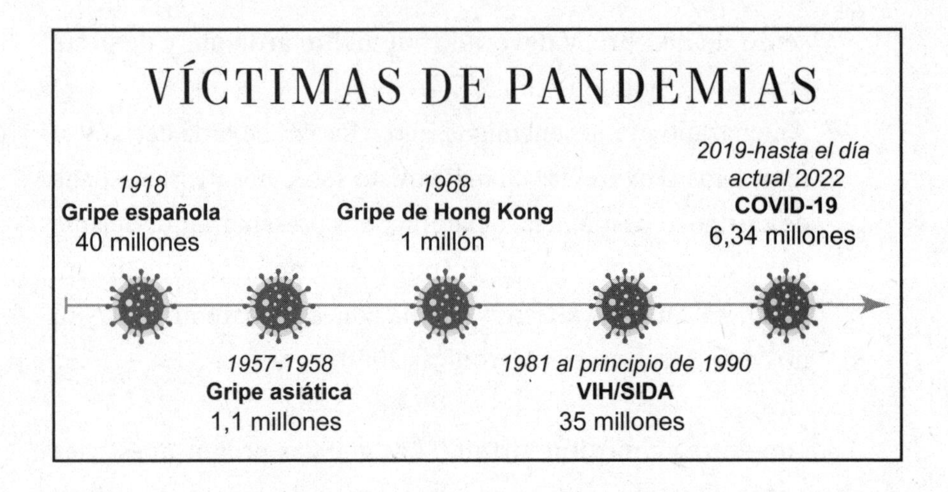

Después de nuestras experiencias con el coronavirus, ninguno de nosotros sabe qué podría escapar de un laboratorio en alguna parte del mundo, o qué enfermedad puede ser la siguiente en arrasar el planeta.

Si yo hubiera estado con Jesús podría haber pensado que el avance del progreso médico erradicaría la enfermedad, dado el suficiente tiempo que ha tenido en la historia. Pero él sabía que eso no era cierto. En un mundo de crecientes milagros médicos, la enfermedad no se ha eliminado o erradicado. Por el contrario, la enfermedad es más frecuente que nunca, y las líneas de tendencias son aterradoras.

Terremotos

La siguiente señal que Jesús predijo parece fuera de lugar. Vemos la relación entre guerras, hambres, pandemias y muerte. Pero ¿terremotos? Estos son inesperados. A diferencia de la guerra, los terremotos no se ocasionan por medios humanos. A diferencia de las hambres, rara vez brindan advertencias o explicaciones. A diferencia de las pestes, los terremotos llegan de repente, demuelen en un instante y solo dejan réplicas.

Cuando Dios creó el mundo, lo diseñó con un núcleo fundido de magma hirviendo cubierto por un manto terrestre de casi tres mil kilómetros de profundidad. Además de eso, nuestras tierras y nuestros mares superficiales descansan sobre placas tectónicas que a veces se desplazan. Los científicos siguen esforzándose por entender esos cambios y de qué manera impactan nuestro mundo. Pero Dios ha entendido tales fuerzas desde el primer día. Más que eso, él está en control incluso del caótico núcleo de nuestra tierra.

Un día un terremoto global definitivo derribará las ciudades del mundo, incluida Babilonia, la ciudad del anticristo. Esto ocurrirá cuando Jesús regrese al final de la historia.

Según Apocalipsis 16:18, cuando el ángel derrame la última copa de ira sobre el mundo, habrá «un gran temblor de tierra, un terremoto tan grande, cual no lo hubo jamás desde que los hombres han estado sobre la tierra».

Isaías 2:19 afirma que los seres humanos «se meterán en las cavernas de las peñas y en las aberturas de la tierra, por la presencia temible de Jehová, y por el resplandor de su majestad, cuando él se levante para castigar la tierra».

Cuando Jesús murió en el Calvario, el suelo de Jerusalén tembló (Mateo 27:50-54). Eso no es nada comparado con lo que sucederá cuando él regrese. Por ahora, según hemos visto, estamos sufriendo los primeros dolores de parto, y no sabemos cuándo nos despertaremos con la noticia de un importante terremoto en alguna parte del mundo.

Justo hoy, al sentarme para trabajar en este capítulo, supe de un terremoto en Afganistán que mató por lo menos a mil personas. Los informes aseveraron que se trató del terremoto más mortal en dos décadas.[14]

En las Escrituras, los terremotos se asocian con el poder y el juicio de Dios. Cuando el Señor descendió sobre el monte Sinaí antes de entregar los Diez Mandamientos, el monte «humeaba, porque Jehová había descendido sobre él en fuego; y el humo subía como el humo de un horno, y todo el monte se estremecía en gran manera. El sonido de la bocina iba aumentando en extremo» (Éxodo 19:18-19).

Cuando siglos después el Señor se le apareció a Elías en el mismo monte, hubo un poderoso viento, un terremoto, un fuego y un silbo apacible y delicado (1 Reyes 19:11-12).

En los días del rey Uzías hubo un terremoto que llegó como una reprensión para Judá e Israel (Zacarías 14:5). Salmos 18:7 explica: «La tierra fue conmovida y tembló; se conmovieron los cimientos de los montes, y se estremecieron, porque se indignó él». Job escribió: «Él remueve la tierra de su lugar, y hace temblar sus columnas» (9:6).

Los vientos van y vienen, según parece al azar. Lo mismo ocurre con las olas. Gran parte del mundo natural es flexible y transitorio, pero no la propia tierra. Las montañas suben y bajan a lo largo de eones, no de años o incluso siglos. ¿Qué es más estable que la roca? ¿Qué es más sólido que el suelo? Por estas razones, los terremotos son una señal específica del poder de Dios y del control del Creador sobre la creación. Y esa señal aumentará a medida que nos acerquemos al final de la historia.

Desde hace varios años los científicos han estado advirtiendo sobre la posibilidad de que se produzcan «superterremotos», es decir, terremotos de magnitudes sumamente altas. Créame, ¡los que vivimos en California pensamos mucho en esto!

Kenneth Murphy, de la Federal Emergency Management Associación (FEMA) está muy preocupado respecto a un terremoto de gran magnitud a lo largo de la falla de Cascadia en el noroeste del Pacífico de Estados Unidos. «FEMA prevé que casi trece mil personas podrían morir durante un potencial terremoto y tsunami en Cascadia. Otras veintisiete mil podrían resultar heridas, y la agencia prevé que se tendría que proporcionar refugio para un millón de personas desplazadas».[15]

Murphy añadió: «Este es un suceso respecto al cual espero que toda la ciencia se equivoque, y que no ocurra hasta dentro de mil años».[16]

Los funcionarios gubernamentales no pueden predecir terremotos, pero Jesús sí. Él nos advirtió que el mismo globo terráqueo temblaría en preparación para el regreso del Señor.

Los decretos de Dios son incondicionales

Si no tenemos cuidado, todo esto también nos hará temblar. Pero animémonos con Hechos 2:25: «Veo que el SEÑOR siempre está conmigo. No seré sacudido, porque él está aquí a mi lado» (NTV).

La manera de combatir el miedo a los desastres naturales es mediante el discipulado sobrenatural, el cual permite que el Espíritu Santo inunde nuestras vidas con aliento, convicción y esperanza. Hebreos 6:19 expresa: «Esta esperanza es un ancla firme y confiable para el alma; nos conduce a través de la cortina al santuario interior de Dios» (NTV).

Incluso en un mundo definido por el desastre, nuestras vidas pueden ser definidas por la confianza. No en nosotros mismos, desde luego, sino en Dios. Específicamente, existen cuatro elementos de la naturaleza y del carácter de Dios que nos llenarán de confianza cuando nos centramos en él y buscamos su rostro.

Confianza en la protección de Dios

Desde Génesis hasta Apocalipsis, Dios se ha revelado como alguien que vela por su pueblo, manteniéndolo seguro en medio del peligro. A lo largo de la Biblia se le describe como escudo, fortaleza, castillo, escondite, guardador, protección, roca, sombra, refugio y baluarte.

El Señor le dijo a Abram: «No temas, Abram; yo soy tu escudo, y tu galardón será sobremanera grande» (Génesis 15:1).

El salmista indicó: «Jehová es la fortaleza de mi vida; ¿de quién he de atemorizarme?» (Salmos 27:1).

Zacarías escribió: «El Señor de los Ejércitos Celestiales protegerá a su pueblo» (9:15, NTV).

Hace más de cien años, Anna Kay Scott se hallaba en un campo misionero primitivo cuando ocurrió un terremoto. Así escribió en su autobiografía:

> El domingo 10 de enero de 1869 experimentamos un severo sacudón de un terremoto. Acababa de terminar mi clase bíblica de jóvenes y estaba sentada tranquilamente leyendo cartas de mis queridos familiares, cuando escuché el estruendo como de un lejano tren de carga. [...] Pronto la casa comenzó a mecerse y las frágiles paredes de bambú empezaron a doblarse. Luego se produjo choque tras choque cuando armarios, guardarropas y espejos se fueron al suelo.

Anna salió corriendo de la casa y encontró a los aldeanos paralizados por el miedo. Ellos temblaban de manera incontrolable y le suplicaban a sus dioses hindúes que detuvieran al elefante. «Creían que la tierra se hallaba sobre el lomo de un elefante, ¡y que el terremoto era causado por el movimiento del paquidermo!».

El sismo se hizo tan intenso que todos cayeron al suelo. Anna recuerda: «Los relojes se pararon y el río se mantuvo corriente arriba durante media hora o más. La tierra se abrió en enormes grietas y el patio en que nos hallábamos se levantaba en ondas aparentes».

Anna y los demás creyentes sacaron inmediatamente sus Biblias y empezaron a leer de Salmos 90: «Señor, tú nos has sido refugio de generación en generación. Antes que naciesen los montes y formases la tierra y el mundo, desde el siglo y hasta el siglo, tú eres Dios» (vv. 1-2).

El poder de esas palabras trajo calma a la aldea y realmente allanó el camino para que se realizara más obra evangelística.[17]

La tierra no descansa sobre el lomo de un elefante, sino en las manos del Dios omnipotente que nos declara: «Nosotros estamos recibiendo un reino que nadie puede hacer tambalear. Por eso seamos agradecidos y adoremos a Dios de la manera que a él le agrada. Hagámoslo con respeto y con temor» (Hebreos 12:28, PDT).

Cuando nos damos cuenta de que el Dios eterno es nuestra morada, y que estamos rodeados por su presencia enormemente real, poderosa y consoladora, nos animamos y nuestros corazones se llenan de esperanza. «Por tanto, no temeremos, aunque la tierra sea removida, y se traspasen los montes al corazón del mar» (Salmos 46:2).

Confianza en el perdón de Dios

Antes afirmé que los desastres pueden producir ánimo, e incluso esperanza. Si eso le parece poco probable, le sugiero que dé una mirada a algunos ejemplos de las Escrituras que revelan precisamente tal progresión.

En el libro de Joel, una plaga de langostas devastó la tierra de Judá. Joel usó esa tragedia como una oportunidad para advertir al pueblo acerca de sus pecados y hacer que se volviera a Dios.

«Por eso pues, ahora, dice Jehová, convertíos a mí con todo vuestro corazón, con ayuno y lloro y lamento. Rasgad vuestro corazón, y no vuestros vestidos, y convertíos a Jehová vuestro Dios; porque misericordioso es y clemente, tardo para la ira y grande en misericordia. [...] ¿Quién sabe si volverá y se arrepentirá y dejará bendición tras de él» (2:12-14).

¿Recuerda la historia del carcelero de Filipos? Fue un terremoto el que lo llevó a Cristo. Con gran temor, el hombre preguntó: «Señores, ¿qué debo hacer para ser salvo?». El apóstol Pablo le contestó: «Cree en el Señor Jesucristo, y serás salvo, tú y tu casa» (Hechos 16:30-31).

Esta progresión del dolor a la esperanza aún puede encontrarse en nuestra época. Según Betania DuVal, de TEAM, una alianza mundial de iglesias y misioneros, algo similar le sucedió a una mujer mexicana llamada Gaby, quien se había casado y tenido hijos siendo muy joven. Le gustaban las calles y no tenía ningún interés en la fe cristiana de su madre. Cuando el huracán Odile devastó La Paz en 2014, la improvisada casa de Gaby quedó destruida. Pero un ministerio local le tendió la mano, proporcionándole alimentos. Dicho ministerio comenzó a ayudar a reconstruir las casas de los sobrevivientes.

Pronto Gaby también se dedicó a ayudar, haciendo tortillas junto a una chica llamada Emily. Cuando Emily la invitó a un estudio bíblico, Gaby decidió asistir. Mientras las dos estudiaban las Escrituras y trabajaban en la cocina, el Señor trató con el corazón de Gaby. Emily comentó más tarde: «Realmente pude ver cómo ella le entregaba la vida a Jesús [...] y cómo Dios estaba transformándola. [...] Pasamos muchos, muchos días llorando en mi cocina y simplemente orando mientras veíamos lo que sucedía».

Después que Gaby reconoció a Cristo como Salvador, siguió creciendo espiritualmente. Hoy día dirige un programa de diplomado en un colegio y trabaja en la cocina de la misma agencia que le tendió la mano con la esperanza de Cristo. Gaby atestiguó: «Conocer a Dios y luego vivir en él es lo mejor que he recibido alguna vez».[18]

Historias tiernas y sencillas como esta se han repetido cientos de miles de veces. No entiendo cómo funciona todo esto, ni tengo todas las soluciones a las crisis que enfrentamos. Pero sí sé que los desastres naturales producen un discipulado sobrenatural, y que Dios permite que su pueblo sirva a quienes están sufriendo incluso mientras comunicamos el evangelio. De este modo él convierte maldiciones en bendiciones.

Nunca subestime cómo el Señor puede utilizarlo cuando las dificultades descienden sobre su comunidad o sobre alguien que usted conoce.

Confianza en la perspectiva de Dios

Geraldine «Gerri» Schappals es una mujer extraordinaria. Sobrevivió a la gripe española siendo una bebita en 1918. Vivió la Segunda Guerra Mundial, las guerras de Corea, Vietnam, Irak y la guerra en Afganistán. Sobrevivió a un cáncer de mama en sus sesentas y un cáncer de colon en sus setentas. En 2020, Gerri contrajo COVID-19 a los ciento dos años de edad, y sobrevivió.

Ella comentó: «No fue tan malo».

Cuando le preguntaron cómo mantenerse firme en medio de momentos tan difíciles, Gerri contestó: «Algo que ayuda es decirse a una misma que eso no te va a preocupar durante una hora, y si al final de la hora el problema todavía persiste, busca hacer algo agradable». Luego agregó: «He descubierto que los pequeños descansos pueden brindar una nueva perspectiva y te recuerdan que por lóbregas que se vean las cosas, siempre habrá algunas pequeñas luces».[19]

La nueva perspectiva es un regalo maravilloso, y alinearnos con la perspectiva de Dios puede producir un enorme aumento en nuestra confianza. ¿Por qué? Porque su mirada se extiende desde el principio hasta el final, y él ya nos ha hablado del fin de nuestra historia colectiva en este mundo.

Por ejemplo, casi al final de su Discurso del Monte de los Olivos, Jesús manifestó: «Como el relámpago que sale del oriente y se muestra hasta el occidente, así será también la venida del Hijo del Hombre». El Señor vendrá «sobre las nubes del cielo, con poder y gran gloria» (Mateo 24: 27, 30). Pedro nos advierte que estemos «en espera de estas cosas» (2 Pedro 3:14).

En el último capítulo de la Palabra de Dios encontramos otro texto extraordinario:

> Oí una gran voz del cielo que decía: He aquí el tabernáculo de Dios con los hombres, y él morará con ellos; y ellos serán su pueblo, y

> Dios mismo estará con ellos como su Dios. Enjugará Dios toda lágrima de los ojos de ellos; y ya no habrá muerte, ni habrá más llanto, ni clamor, ni dolor; porque las primeras cosas pasaron. (Apocalipsis 21:3-4)

No solo que se nos ha dado esta buena noticia, sino que estamos llamados a compartirla. En realidad, una de las mejores maneras en que podemos comunicar esperanza durante momentos de desastre es recordar a otros que tales instantes son temporales. Son fugaces. La promesa de Dios de vida eterna está cimentada en su regreso y en su hogar eterno para su pueblo, un lugar donde no habrá más muerte, ni más tristeza, ni más lloro, ni más dolor.

¡Qué privilegio ofrecer tan maravillosa perspectiva!

D. A. Carson escribió: «La auténtica espiritualidad no puede existir por mucho tiempo sin una actitud que anhele el cielo, que viva con los valores de la eternidad a la vista, que espere ansiosamente el regreso de Jesús, que anticipe el día en que Cristo mismo "pondrá todo bajo su control" y "transformará nuestros cuerpos humildes para que sean como su cuerpo glorioso"».[20]

Los desastres naturales reflejan la naturaleza caída de nuestro mundo; son evidencia de la corrupción del pecado. Pero también es cierto que los desastres reflejan la naturaleza temporal de este mundo. El hambre, las pestes, los terremotos y todo tipo de catástrofes ofrecen prueba concreta de que Dios no tiene la intención de dejarnos en este lugar destrozado. Incluso ahora, él está preparando un hogar perfecto para todos los que lo siguen.

Confianza en la provisión de Dios

Finalmente, en momentos de desastres naturales podemos encontrar confianza en la provisión sobrenatural de Dios. Él ha prometido darnos «el pan nuestro de cada día» (Mateo 6:11).

¿Recuerda usted la antigua historia del Antiguo Testamento sobre la viuda de Sarepta en 1 Reyes 17? Ella usó su última porción de harina y aceite con el fin de hacer una torta para Elías, pero a partir de ese momento siempre hubo harina en la tinaja de la mujer y aceite en su vasija. Dios la mantuvo con pan hasta que la hambruna terminó.

Ahora bien, Daniil Kiriluk vive en la región de Luhansk, Ucrania, una de las zonas más golpeadas por la invasión rusa. Él es el pastor de una pequeña iglesia formada por su numerosa familia y una veintena de personas más.

El pastor Kiriluk y su esposa tienen diez hijos y nueve hijas. Como familia decidieron hacer pan para obsequiar a los afectados por la guerra. Una noche hornearon treinta panes. Mientras las personas se acercaban a buscar pan, otras más llevaban harina. Cuanto más pan hacían, más harina recibían.

Todos los hijos y nietos en la familia Kiriluk colaboraron, elevando a treinta y tres la cantidad total de trabajadores en el hogar. Hasta el hijo menor ayudó mientras aprendía cuánta levadura, harina y sal se debía mezclar. La hija menor amasaba el pan. Pronto la iglesia llegó a producir ciento sesenta panes por día, y más de una tonelada de harina les fue donada.

Una tonelada de pan... ¡y llevando la cuenta!

Pero no fue solo pan lo que se distribuyó. Periódicos evangelísticos se repartían con cada hogaza, y una pareja en la iglesia con un claro don de evangelización compartía el mensaje de Jesús, el Pan de vida. Si usted pudiera ver la foto de esta familia alineada por tamaño, las chicas en un costado y los chicos en el otro, alabaría a Dios por tales personas cuya esperanza se desborda en bondad y evangelización en tiempos de gran peligro, todo ello ayudado por la provisión de Dios.[21]

Posiblemente, usted ha sentido que en los últimos años le han quitado algunas cosas. Quizás ha sentido la presión de un mundo al borde del colapso. Incluso ahora enfrentamos escasez, inflación, desabastecimiento y crisis financiera. Pero no dude de la capacidad de Dios para proveerle.

La Biblia establece: «Dios proveerá» (Génesis 22:8, RVC).

Pablo escribió: «Mi Dios, pues, suplirá todo lo que os falta conforme a sus riquezas en gloria en Cristo Jesús» (Filipenses 4:19).

Por supuesto, tales dádivas no están destinadas a beneficiarnos solamente a usted y a mí, sino a que las participemos con quienes están en necesidad. Recuerde estas palabras eternas: «A los ricos de este siglo manda que no sean altivos, ni pongan la esperanza en las riquezas, las cuales son inciertas, sino en el Dios vivo, que nos da todas las cosas en abundancia para que las disfrutemos. Que hagan bien, que sean ricos en buenas obras, dadivosos, generosos; atesorando para sí buen fundamento para lo por venir, que echen mano de la vida eterna» (1 Timoteo 6:17-19).

Este no es un momento para que los seguidores de Jesús nos aferremos a nuestras posesiones, agarrando con dedos apretados lo que hemos conseguido. Al contrario, vivir en un mundo de desastre nos ofrece la oportunidad de abrir nuestros corazones y nuestras manos hacia aquellos que están luchando, aquellos que necesitan un estímulo de esperanza.

Encontremos confianza en la provisión de Dios. En primer lugar, en la provisión de Dios para nosotros mismos. Él ha prometido concedernos todo lo que necesitamos, incluso en tiempos de desastre.

En segundo lugar, tengamos confianza en la provisión divina que podemos brindar a los demás. Mientras Dios más nos bendice, más oportunidades tenemos de extender su provisión hacia otras personas. «Poderoso es Dios para hacer que abunde en vosotros toda gracia, a fin de que, teniendo siempre en todas las cosas todo lo suficiente, abundéis para toda buena obra» (2 Corintios 9:8).

Hoy día los habitantes del mundo están hambrientos, pero usted y yo podemos alimentar a muchos de ellos. Hoy día las personas del mundo están enfermas, pero usted y yo podemos ministrar y suplir las necesidades de algunas de ellas. Las almas en el mundo de hoy pueden haber sido sacudidas, pero los seguidores de Cristo podemos ofrecerles el aliento de Cristo. Podemos brindar refugio a quienes no lo tienen. Podemos apoyar a esas organizaciones que sirven a poblaciones de desplazados que han caído en desgracia. Podemos brindar esperanza cuando la vida parece no tener esperanza.

En resumen, usted y yo tenemos la oportunidad ahora mismo de ser generosos con nuestros recursos, y al hacerlo derramar en forma confiable el amor de Cristo exactamente donde la gente más lo necesita. Así manifestó el autor de Hebreos: «Por tanto, no desechen su confianza, la cual tiene gran recompensa» (10:35, NBLA).

Hablando de confianza, quiero contarle acerca de un joven extraordinario llamado Jacob Smith. Con solo doce años de edad, Jacob se hallaba en lo alto de una montaña de 3.300 metros de altura en Big Sky, Montana. Estaba a punto de esquiar libremente por una pendiente clasificada como triple diamante negro. Si usted no conoce ese término, esquiar libremente es cuando un esquiador desciende por una montaña sin seguir un sendero o recorrido definido. Simplemente se desliza entre los árboles, las rocas y los riscos.

Ahora bien, que un muchacho de doce años se lance a esquiar por pendientes profesionalmente clasificadas sin sendero es muy impresionante. Pero hay algo más que se debe saber sobre esta historia, y que la lleva a otro nivel.

Jacob Smith no puede ver. Su visión es técnicamente 20/800, que es cuatro veces el nivel en que a una persona se la declara legalmente ciega.

Sin embargo, en una gélida mañana en Big Sky, Montana, Jacob se convirtió legalmente en el primer esquiador ciego en completar esa legendaria carrera. Y el joven no ha dejado de romper barreras. A los quince años está en camino a convertirse en profesional en el deporte que ama.

¿Cómo Jacob consigue esto? Bueno, él tiene un secreto: su padre, Nathan. En cada carrera, Nathan le habla a su hijo por una radio bidireccional. Cuando Nathan describe el terreno, Jacob lo visualiza en su mente. Y cuando Nathan le dice a su hijo que dé un giro, o que se mueva en una nueva dirección, Jacob obedece al instante.

Un entrevistador le preguntó a Jacob cuánto confiaba en su padre.

El joven respondió: «Vea usted, ¡lo suficiente como para girar a la derecha cuando papá me dice que lo haga!».

Es esta arma secreta, confianza en la perspectiva y en la dirección de su padre, lo que le ha permitido a Jacob lograr objetivos increíbles.

¿Qué lección ha aprendido Jacob de sus aventuras en esquíes? «Sinceramente, no importa lo que haya por delante, [...] y que eso te agarre un poco desprevenido, siempre hay una manera de conquistarlo. De adaptarse. De hacer que aquello suceda y seguir haciendo lo que quieres hacer».[22]

Como hijos de Dios, tenemos una oportunidad similar de recorrer los vericuetos de la vida con confianza, incluso en medio de las calamidades. ¿Por qué? Porque esa confianza no se basa en nuestras capacidades, sino en la naturaleza y el carácter de nuestro Padre celestial. Él no solo ve lo que está viniendo a nuestro mundo, sino que nos ha dicho por anticipado cómo terminará todo.

Por eso, y solo por eso, ¡usted y yo podemos recorrer este mundo de desastre y seguir *teniendo confianza*!

Diez versículos para ayudarnos a *tener confianza*

«El Señor le dará fuerzas en el lecho del dolor; ¡convertirá su enfermedad en salud!» (Salmos 41:3, DHH).

«Dios es nuestro amparo y fortaleza, nuestro pronto auxilio en las tribulaciones. Por tanto, no temeremos, aunque la tierra sea removida, y se traspasen los montes al corazón del mar» (Salmos 46:1-2).

«No os afanéis, pues, diciendo: ¿Qué comeremos, o qué beberemos, o qué vestiremos? Porque los gentiles buscan todas estas cosas; pero vuestro Padre celestial sabe que tenéis necesidad de todas estas cosas. Mas buscad primeramente el reino de Dios y su justicia, y todas estas cosas os serán añadidas» (Mateo 6:31-33).

«El cielo y la tierra pasarán, pero mis palabras no pasarán» (Mateo 24:35).

«Hermanos míos amados, estad firmes y constantes, creciendo en la obra del Señor siempre, sabiendo que vuestro trabajo en el Señor no es en vano» (1 Corintios 15:58).

«Y poderoso es Dios para hacer que abunde en vosotros toda gracia, a fin de que, teniendo siempre en todas las cosas todo lo suficiente, abundéis para toda buena obra» (2 Corintios 9:8).

«Pero todo lo he recibido, y tengo abundancia; estoy lleno, habiendo recibido de Epafrodito lo que enviasteis; olor fragante, sacrificio acepto, agradable a Dios. Mi Dios, pues, suplirá todo lo que os falta conforme a sus riquezas en gloria en Cristo Jesús» (Filipenses 4:18-19).

«Así que, recibiendo nosotros un reino inconmovible, tengamos gratitud, y mediante ella sirvamos a Dios agradándole con temor y reverencia» (Hebreos 12:28).

«La oración de fe salvará al enfermo, y el Señor lo levantará; y si hubiere cometido pecados, le serán perdonados» (Santiago 5:15).

«Amado, yo deseo que tú seas prosperado en todas las cosas, y que tengas salud, así como prospera tu alma» (3 Juan 2).

Capítulo 5

EN UN MUNDO DE PERSECUCIÓN, *ESTEMOS PREPARADOS*

Los arrestarán, los perseguirán y los matarán. En todo el mundo los odiarán por ser mis seguidores.

MATEO 24:9, NTV

Andrew y Norine Brunson estaban descansando en un retiro turco en el mar Egeo cuando sonó el teléfono. Una voz le advirtió a él: «Andrew, la policía acaba de estar aquí. Están buscándote». La llamada era de una pequeña iglesia que Andrew había pastoreado durante veinticuatro años en Izmir, la ciudad de Esmirna del Nuevo Testamento, en Turquía.

Ese fue el inicio de una pesadilla que duró 735 días. Como recontó más tarde en sus memorias, *El rehén de Dios*, lo mantuvieron durante un tiempo en una pequeña celda sin ninguna silla, nada más que una litera baja, lo que significaba que tenía que estar de pie, caminando o tendido en la cama todo el tiempo. El baño no descargaba. Le quitaron la Biblia y los lentes.

Más tarde, Andrew fue transferido a la prisión Sakran y lo acusaron del delito de terrorismo. Su celda estaba sucia, «el suelo, las sábanas de la litera, la bolsa del pan cubierta de una gruesa capa de moho verde [...] y el retrete estilo cuclillas lleno de excrementos humanos».[1]

Al pastor Brunson a veces lo alojaban en celdas abarrotadas y no podía dormir debido al miedo y al calor sofocante. Al llegar a la tercera parte de la terrible experiencia le sollozó al director de la prisión: «¡No puedo aguantar más! Tengo un pánico constante, no puedo dormir. He perdido veinticinco kilos. He luchado durante ocho meses por controlarme, pero ya no puedo más».

Más de una vez exclamó: «¡Me estoy volviendo loco!».[2]

Pero el Señor no abandonó a su siervo. «Cada día me enfocaba en pelear contra mis miedos a fin de llegar a un lugar en donde me rindiera a lo que Dios tenía preparado para mí».[3]

Tras su liberación y regreso a Estados Unidos, Brunson escribió: «Tuve que aprender la lección de Isaías 50:10: "El que anda en tinieblas y carece de luz, confíe en el nombre de Jehová, y apóyese en su Dios". El Señor estaba enseñándome a permanecer en pie en medio de la tenebrosidad, a perseverar independientemente de mis sentimientos, percepciones y circunstancias».[4]

Hace poco tiempo, Andrew Brunson volvió a hablar, y sus palabras fueron aleccionadoras. Advirtió sobre la persecución que se acercaba para la iglesia occidental, declarando: «Creo que las presiones que estamos viendo ahora en nuestro país van a aumentar, y una de estas presiones va a ser hostilidad hacia las personas que acepten a Jesucristo y sus enseñanzas, quienes no se avergüencen de representarlo. [...] Mi preocupación es que no estemos listos para esta presión. Y no estar preparados es muy, pero muy, peligroso».[5]

¡Yo quiero que estemos preparados! Una de las mejores maneras de prepararse es estudiar el siguiente punto en la excepcional lista de

Cristo en cuanto a los acontecimientos venideros del mundo del fin: la persecución. Jesús explicó: «Entonces os entregarán a tribulación, y os matarán, y seréis aborrecidos de todas las gentes por causa de mi nombre» (Mateo 24:9).

Registro de la persecución cristiana

La persecución contra los cristianos comenzó con los sufrimientos del mismo Cristo: rechazado, flagelado, crucificado, un varón de dolores. Luego los primeros discípulos fueron arrestados, azotados y se les prohibió predicar en el nombre de Jesús, aunque no los silenciarían. Esteban se convirtió en la primera persona en morir por su fe en Cristo, y la Biblia dedica todo un capítulo, Hechos 7, a ese acontecimiento.

Once de los doce apóstoles perecieron violentamente, todos menos Juan que a edad avanzada fue desterrado a la isla de Patmos (Apocalipsis 1:9). Pedro y Pablo murieron durante el reinado de Nerón, quien culpó falsamente a los cristianos por el incendio que asoló Roma en el año 64 d. C. Durante ese período, los cristianos fueron crucificados, despedazados por perros salvajes, arrastrados por toros salvajes y quemados en la hoguera para iluminar los jardines de Nerón en la noche.[6]

Desde Nerón hasta el día de hoy ninguna generación de cristianos ha escapado a la espada o al látigo, a las prisiones o las mazmorras, a las torturas, las amenazas, las intimidaciones y las burlas del mundo que los rodea. *El libro de los mártires de Fox*, publicado en 1563, es un relato de los sufrimientos de los protestantes en Inglaterra y Escocia. Durante generaciones, muchos cristianos mantuvieron un ejemplar de este libro junto con sus Biblias. Las personas no querían olvidar las historias de los héroes de la fe que sufrieron por Cristo. Aunque lleno de horribles torturas, *El libro de los mártires de Fox* inspiró a millones de lectores a permanecer fieles al Señor.

La razón por la que los peregrinos llegaron a Estados Unidos en 1620 fue escapar de la opresión religiosa, y así poder adorar libremente y predicar con libertad el evangelio. En Estados Unidos, La Primera Enmienda de la Declaración de los Derechos abarca a la religión.

A estas alturas se podría creer que veríamos un descenso en la persecución de personas por su fe personal, ¿no es así? Ya no vivimos en la época romana ni en la Edad Media.

¡Piense otra vez!

En muchas partes del mundo, la persecución de cristianos excede ahora a cualquier período en la historia. Según el doctor Todd M. Johnson del Gordon-Conwell Theological Seminary, más de setenta millones de cristianos han sido martirizados a lo largo de la historia, y más de la mitad de esas muertes ocurrieron en el siglo XX. Él también calcula que un millón de cristianos fueron asesinados entre 2001 y 2010, y otros 900.000 entre 2011 y 2020.[7]

John L. Allen, hijo, es uno de los periodistas más respetados en Estados Unidos. En su libro *The Global War on Christians* escribió: «Sin duda los cristianos modernos son el grupo religioso más perseguido en el planeta, y muy a menudo los nuevos mártires sufren en silencio».[8]

La realidad de la persecución cristiana

Cada año, la organización benéfica cristiana Puertas Abiertas Internacional publica una «Lista de alerta mundial» en que resalta los cincuenta lugares donde la fe en Jesús cuesta más. En 2022, Afganistán, Corea del Norte, Somalia, Libia y Yemen encabezaban la lista. Además, calculan que trescientos sesenta millones de cristianos en el mundo actual experimentan persecución extrema a causa de su fe. Eso significa uno de cada siete creyentes en todo el mundo.[9]

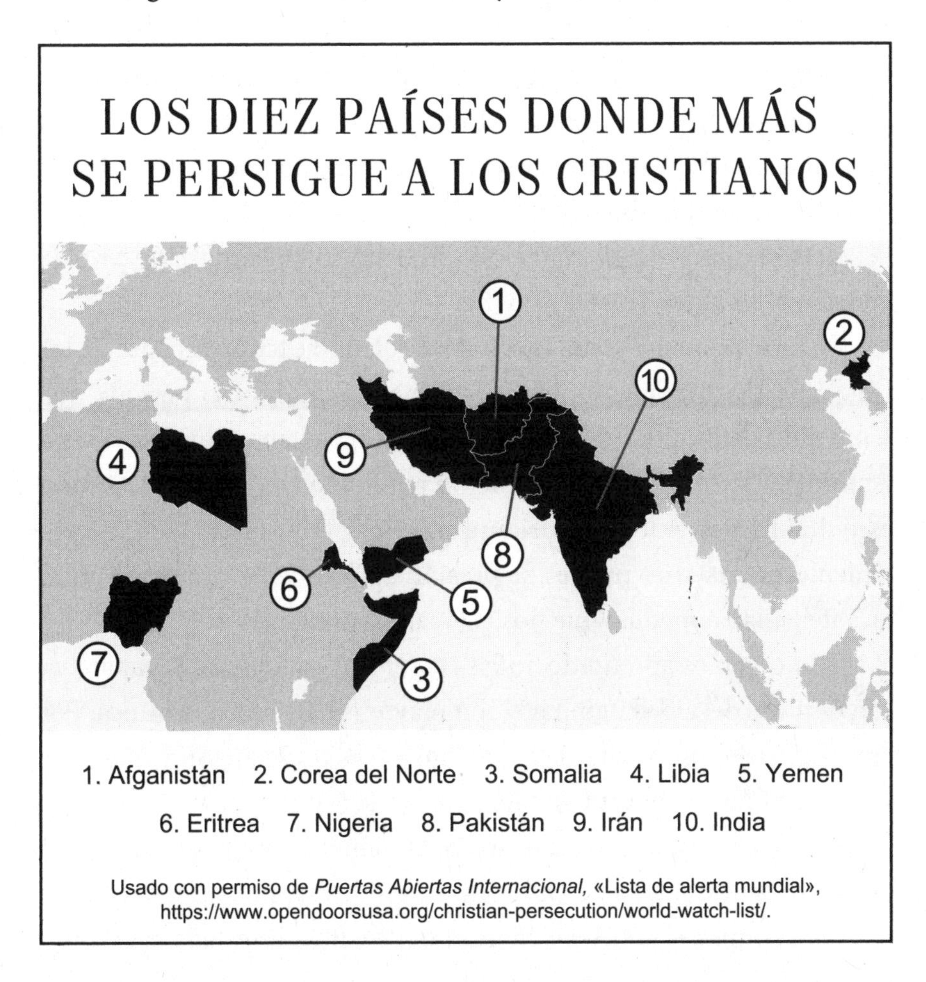

Usado con permiso de *Puertas Abiertas Internacional,* «Lista de alerta mundial», https://www.opendoorsusa.org/christian-persecution/world-watch-list/.

¡Jesús previó esto! Mire otra vez Mateo 24:9 y observe la precisión de las palabras de Cristo: «Entonces os entregarán a tribulación, y os matarán, y seréis aborrecidos de todas las gentes por causa de mi nombre».

Cada frase en esa profecía es importante. Veamos más de cerca las tres etapas específicas que Cristo predijo: tribulación, muerte y odio.

Tribulación

En primer lugar, Jesús previó tribulación. La palabra griega traducida como «tribulación» es *thlipsis*, que describe una presión agobiante o abrumadora de la que no hay manera de escapar. Pensemos en cómo la gente trituraba cereales en el mundo antiguo. Los granos eran machacados y pulverizados entre dos ruedas de molino sin posibilidad de alivio. Así es la tribulación.

Jesús expresó: «En el mundo tendréis aflicción; pero confiad, yo he vencido al mundo» (Juan 16:33).

En este momento Jesús no estaba hablando exclusivamente de los siete años de sufrimiento intenso al final del mundo, el período que a menudo denominamos «la tribulación». Él estaba refiriéndose a la acumulación creciente de oposición a medida que nos acercamos a esos días finales. A lo largo del futuro de la iglesia, los cristianos experimentarán mayores niveles de presión agobiante, la cual aumentará en intensidad a medida que nos acercamos al mundo del fin.

Como hemos aprendido, todas las señales de Mateo 24 reaparecerán después del arrebatamiento con mayor intensidad que nunca. Por eso es que el quinto sello de Apocalipsis 6 es persecución y martirio. Le siguen engaño, guerra, hambre y muerte (vv. 9-11).

Pero en la presión hacia el arrebatamiento habrá una tribulación creciente para la iglesia de Dios. Allí es donde nos encontramos ahora.

Por ejemplo, el gobierno comunista de China ha estado apretando las tuercas al floreciente movimiento cristiano. El sitio web chino Jona Home (como en el profeta Jonás) sirvió a los lectores durante más de veinte años publicando fielmente enseñanzas cristianas y otros contenidos útiles. Entonces, en abril 2022, Jona Home actualizó su sitio web con una publicación final: «Debido a razones conocidas por todos, a partir de ahora nuestro sitio ya no puede servir a los hermanos y las hermanas en Cristo. ¡Gracias a todos por su compañía y apoyo en los últimos veintiún años!».[10]

La página web había sido cerrada por el gobierno. Los administradores del sitio estaban entre las primeras personas en experimentar los efectos de una nueva ley establecida por el Partido Comunista Chino (PCCh) en marzo de 2022: las medidas administrativas para los servicios de información religiosa por Internet. Según esa ley, cualquier grupo religioso que desee difundir información en línea deberá solicitar y recibir una licencia especial disponible únicamente para grupos religiosos que ya hayan sido aprobados legalmente por el PCCh.

Efectivamente, el gobierno chino ha restringido la enseñanza bíblica en línea, los planes de estudio o los contenidos devocionales que no «promuevan los valores socialistas ni apoyen al partido».[11]

Esto no sucedió en el año 22 d. C., sino en los días modernos de 2022, y en una nación con casi mil quinientos millones de ciudadanos.

La pérdida de un sitio web puede parecer de poca importancia comparado con el martirio de millones como mencioné antes. Sin embargo, debemos entender lo que se relaciona con la persecución. Los enemigos de Cristo y su iglesia no siempre empiezan con asesinatos y muertes. En su lugar, establecen una base de hostigamiento, provocación y confrontación diseñada para tiranizar a aquellos que consideran inaceptables. Etiquetan a los cristianos como indeseables. Luego, una vez que los seguidores de Jesús han sido marginados, nuestros enemigos intensifican sus esfuerzos hacia la destrucción.

Este proceso se está realizando ahora en todo el mundo. Por ejemplo:

- En el estado de Kaduna, Nigeria, un grupo de ganaderos fulani atacó cuatro aldeas, matando a dieciocho cristianos e incendiando noventa y dos casas. Las víctimas fueron atacadas específicamente por su fe en Cristo.[12]
- En el oriente de Uganda, el director de una escuela islámica privada se convirtió al cristianismo. Cuando los maestros lo

oyeron orando en el nombre de Jesús lo golpearon, le ocasionaron quemaduras de tercer grado y lo despidieron de su cargo.[13]

- En Vietnam, oficiales despojaron de su ciudadanía a una familia después de tres años de intentar coaccionarlos para que dejaran de practicar su fe cristiana.[14]
- En Uttar Pradesh, India, un pastor fue arrestado y torturado por la policía durante veinticuatro horas. ¿Su delito? Cantar en voz alta a Jesús con su familia.[15]
- Al otro lado del mundo, cuatro cristianos en Venezuela fueron dominados, golpeados y obligados a comer páginas de la Biblia. A cada uno de ellos lo desnudaron y le tajaron una cruz a través del torso con un cuchillo. Los cuatro eran trabajadores en una iglesia con un centro de rehabilitación de drogas, y sus atacantes eran, según se informa, miembros de un cartel de drogas.[16]

Martirio

En Mateo 24:9 Jesús expresó: «Y os matarán». El mundo del fin verá un aumento dramático en el auge del martirio y los asesinatos religiosos, no solo en regiones del mundo dominado por el islamismo, el hinduismo o el socialismo, sino en todas partes.

La Biblia utiliza la palabra *mártir* para describir a alguien que es asesinado por su fe en Jesús. Hechos 22:20 habla de «cuando mataron a Esteban» (TLA). Jesús le recordó a la iglesia en Pérgamo: «Antipas, murió como mártir en medio de ustedes» (Apocalipsis 2:13, NTV). Apocalipsis 17:6 habla «de la sangre de los mártires de Jesús».

En todos estos ejemplos se usó la palabra griega *martus*, que en realidad significa «testigo». A lo largo del Nuevo Testamento vemos referencias a aquellos que dan testimonio por Cristo anunciando las buenas nuevas y los hechos del evangelio. Cuando estos testigos fueron asesinados por su mensaje, los intérpretes bíblicos tradujeron la palabra como *mártir*.

Kayla Mueller fue una mártir moderna por la causa de Cristo. Como cristiana, ella creía que era su responsabilidad unirse a la obra de Dios de aliviar el sufrimiento en el mundo. En cierta ocasión escribió: «Encuentro a Dios en los ojos sufrientes que se reflejan en los míos». Dirigiéndose a Dios, Kayla añadió: «Si así es como te revelas ante mí, así es como te buscaré siempre».[17]

Mientras se desempeñaba como trabajadora humanitaria en Siria, Kayla fue tomada como rehén por miembros de una célula de ISIS. Permaneció como prisionera durante dieciocho meses, soportando todo tipo de maltrato junto con otras varias cautivas. Finalmente ella se convirtió en prisionera personal de Abu Bakr al-Baghdadi, el líder de ISIS en esa época.

Cuando un grupo de mujeres jóvenes planeó escapar de sus captores, Kayla se negó a unírseles. Ella explicó: «Soy estadounidense. Si escapo con ustedes, ellos harán todo lo posible por encontrarnos de nuevo».[18]

Esas jóvenes escaparon, y se llevaron consigo una carta que Kayla envió de contrabando a sus padres. He aquí parte de lo que esa increíble joven escribió durante una de las circunstancias más tenebrosas imaginables:

> Si se pudiera decir que he «sufrido» a lo largo de todas estas experiencias es solamente en saber cuánto sufrimiento he causado a todos. [...] Recuerdo que mamá siempre me decía que después de todo, al final lo único que tenemos es a Dios. He llegado a un lugar en estas experiencias en que, en todos los sentidos de la palabra, me he rendido a nuestro Creador [porque] literalmente no había [nadie] más. [...]

> Por Dios [y] por las oraciones que han hecho a mi favor me he sentido acunada en caída libre. Se me ha mostrado la luz en medio de la oscuridad [y] he aprendido que podemos ser libres incluso en prisión. Estoy agradecida.[19]

Kayla Mueller fue una cristiana milenial que murió en las manos de Abu Bakr al-Baghdadi. Sin embargo, la memoria de esta joven se yergue hoy victoriosa porque su historia ha demostrado una vez más el poder de la luz sobre las tinieblas, de la libertad sobre la tiranía, y del amor sobre el odio. El testimonio de Kayla revelará por siempre el poder del evangelio, un poder que resiste incluso frente a la muerte.

Odio

En Mateo 24:9 Jesús también explicó *por qué* enfrentamos tribulación y martirio. Él explicó: «En todo el mundo los odiarán por ser mis seguidores» (NTV).

Por algún motivo retorcido, el sistema mundial siempre ha odiado al sencillo Salvador de Galilea. Realmente no puedo explicar la hostilidad dirigida contra el hombre más grandioso que ha vivido y contra sus creyentes. Los verdaderos obreros de Cristo en este planeta han hecho más bien del que la sociedad se da cuenta. Sin temor a contradecirme, puedo afirmar que la verdadera iglesia del Señor Jesús ha sido la fuerza humanitaria más grande en la historia. Sin embargo, durante dos mil años el mundo se ha enfurecido contra nosotros, tratando de disolver el movimiento que Jesús comenzó, de prohibir la Biblia que dio, de interrumpir el ministerio que inició y de destruir las almas que salvó.

La persecución contra los cristianos al final de la historia no será imparcial o aislada. Estará alimentada por emociones intensas. Seremos *aborrecidos*.

En el pasado nuestros ancestros a veces respondieron a la persecución huyendo a un nuevo lugar geográfico. Los primeros cristianos se reubicaron en Judea, Samaria y lo último de la tierra con el fin de escapar de los feroces ataques de los dirigentes religiosos en Jerusalén. Los cristianos huyeron siempre de la ira del Imperio romano durante los primeros siglos de la iglesia. Los puritanos atravesaron el océano para evitar la persecución y buscar libertad religiosa.

Pero observemos lo que Jesús afirmó en el versículo 9: «Serán odiados de todas las naciones» (NBLA). Escapar de la persecución ya no será una opción. En el mundo del fin no habrá ningún lugar al cual huir.

¿Por qué? ¿Por qué debemos experimentar una animosidad tan intensa? Veamos la última parte del versículo 9: «Serán odiados de todas las naciones *por causa de mi nombre*» (énfasis añadido). La razón de que los cristianos experimentemos persecución ahora y en el futuro se debe a que nos hemos alineado con Cristo, lo cual el mundo aborrece.

Jesús nos advirtió: «Si el mundo os aborrece, sabed que a mí me ha aborrecido antes que a vosotros. [...] Si a mí me han perseguido, también a vosotros os perseguirán» (Juan 15:18, 20).

Eso plantea un importante punto de clarificación relacionado con este tema de la persecución. Muchas personas son maltratadas en el mundo actual. Algunas experimentan prejuicios debido a su raza, género o edad. Otros son maltratados a causa de su clase económica o sus características físicas. La crueldad y el resentimiento forman parte integral de una sociedad corrompida por el pecado.

Pero cuando hablamos de persecución tanto actual como en el mundo del fin, nos referimos a personas que experimentan daño o acoso específicamente a causa de su fe en Jesucristo y de la relación que tienen con el nombre del Señor.

Permítame preguntar entonces: ¿está usted relacionado con el nombre de Cristo? ¿Está alineado con él? No le estoy preguntando específicamente acerca de su salvación. Estoy preguntándole si se ha identificado públicamente con Jesucristo en tal forma que quienes lo conocen también conozcan lo que usted cree.

He aquí otra manera de formular la pregunta: si su estado o país actual comenzara a atacar en forma activa a los seguidores de Cristo, persiguiéndolos, ¿se convertiría usted en el objetivo? ¿O pasaría desapercibido porque hay poca diferencia visible entre su vida y las vidas de aquellos que no siguen a Cristo?

Esta es la clase de preguntas que debemos considerar, y responder, a medida que nuestra cultura se acerca al mundo del fin. No nos equivoquemos; tarde o temprano usted y yo debemos adoptar una posición.

Respuesta a la persecución cristiana

¿Cómo hacemos eso? El ejemplo del entrenador Joseph Kennedy nos ha inspirado a los estadounidenses. Kennedy vio la película *Desafiando gigantes*, en que un equipo de fútbol americano en apuros fue elevado al éxito físico y espiritual cuando el entrenador comenzó a alabar a Dios.

Kennedy declaró en cuanto a la película, que vio mientras consideraba un empleo de entrenador en Bremerton High School, cerca de Seattle: «Yo estaba llorando. Fue una clara señal de que Dios me estaba llamando a entrenar. Nunca había experimentado ese tipo de efecto en toda mi vida. Le dije: "Voy con todo, Dios. Te daré la gloria después de cada partido allí mismo, en las cincuenta, donde libramos nuestras batallas"».[20]

Como entrenador, él siempre sacaría un momento para arrodillarse y orar en la línea de las cincuenta yardas después del partido, gane o pierda. Miembros de su equipo de fútbol americano se le unían en oración algunas veces. En ocasiones incluso jugadores del otro equipo también se les unían. Pero ya fuera en una multitud o solo, el entrenador Kennedy oraba. Después de cada partido. Durante siete años.

Entonces en 2015, un entrenador rival vio lo que Kennedy estaba haciendo y lo denunció al rector de Bremerton High School. Poco después, el director deportivo de la institución le ordenó a Kennedy que dejara de orar después de los partidos, citando la política del distrito escolar acerca de la expresión religiosa.

El entrenador trató de hacer lo que le indicaron. Se saltó su oración semanal después de un partido, e inmediatamente se arrepintió de su decisión. Es más, antes de llegar a casa después del partido, Kennedy condujo su auto otra vez en dirección al estadio vacío, y con lágrimas en los ojos fue a la línea de las cincuenta yardas para expresar su arrepentimiento a Dios.

Kennedy reanudó la semana siguiente su ritual de oración después de cada partido, y la semana posterior. Fue entonces que los funcionarios escolares lo suspendieron, y luego se negaron a volver a contratarlo para la temporada siguiente. Joseph Kennedy había pasado veinte años sirviendo a su país como infante de marina de Estados Unidos. Lo despidieron por veinte segundos de oración.

Sin embargo, el entrenador ha sido siempre un luchador. En 2015 demandó al Distrito Escolar de Bremerton, afirmando que violaron sus libertades religiosas y la garantía constitucional de libertad religiosa. Siete años después, en enero 2022, su caso fue tomado por la Corte Suprema de Estados Unidos.

Justo cuando escribo este capítulo se dio a conocer la noticia por Internet, de que, por una decisión de seis a tres, ¡la Corte Suprema falló a favor del entrenador!

Simplemente tuve que gritar: «¡Alabado sea el Señor!».

Siempre que sea posible debemos defender con amabilidad, pero también con valentía, las libertades que permiten la expresión de nuestra fe.

Por supuesto, en algunos lugares no existe el concepto de libertad religiosa. En tales situaciones, los seguidores de Cristo tendrán que determinar la mejor manera de manejar los casos específicos de persecución basándose en la dirección del Espíritu Santo en sus circunstancias individuales. Que Dios nos guíe.

No obstante, podemos extraer varios principios de la Palabra de Dios que nos fortalecen frente a la persecución, cuando sea y como se presente.

Recontar sus bendiciones

En primer lugar, ¡cuente y recuente sus bendiciones! En las Bienaventuranzas en Mateo 5, Jesús expresó: «Bienaventurados los que padecen persecución por causa de la justicia, porque de ellos es el reino de los cielos» (v. 10).

¿Parece un tanto confuso?

Ser perseguidos por el mundo nos recuerda que no formamos parte del mundo. Somos miembros del reino de Dios. Somos hijos en su familia. Podemos minimizar la importancia de lo que experimentamos en el mundo, porque eso no importa mucho a la luz de la eternidad. Como el salmista escribiera: «En Dios he confiado; no temeré; ¿qué puede hacerme el hombre?» (Salmos 56:11).

Todd Nettleton, que ha estudiado a cristianos perseguidos en todo el mundo, describió lo que le ocurrió a una mujer que identificó simplemente como «hermana Tong». Ella era anfitriona de una iglesia no registrada en su casa en China. Como resultado, fue arrestada y enviada a la cárcel durante seis meses. Las autoridades comunistas trataron de «reeducarla».

Más tarde, cuando le preguntaron acerca de sus experiencias en la cárcel, ella contestó: «Ah, sí. Ese fue un tiempo maravilloso».

Quienes la rodeaban expresaron sorpresa, pero la hermana Tong explicó que la cárcel fue maravillosa porque Dios había estado allí con ella en una manera especial. Nettleton escribió: «Fue como si durante ese tiempo Dios le hubiera prestado atención especial, y el corazón de ella se le avivara a diario con la excepcional presencia y el toque divino. En la cárcel la hermana Tong se sintió tan cerca del Creador del universo que era muy difícil pensar en ese tiempo como algo que no fuera maravilloso».

Además, la hermana Tong había comunicado eficazmente el evangelio a muchas mujeres en la cárcel y tuvo la oportunidad de llevar a Cristo a varias de sus compañeras de celda.[21]

En cierto modo, la experiencia de ella contrasta con la de Andrew Brunson, a quien describí al principio del capítulo. Sin embargo, como ya he mostrado, Dios les concedió a ambos extraordinaria gracia y lluvias de bendición cuando más las necesitaron. El Señor actuó igualmente en los dos y a través de ellos.

Todos reaccionamos en forma diferente a las presiones de la sociedad, pero nunca hay un momento en que no podamos nombrar nuestras bendiciones y contarlas una por una.

Responder con adoración

¡Eso lleva a adorar! Si alguien en la historia comprendió la realidad de la persecución, fue el apóstol Pablo. Desde el momento que aceptó a Cristo como su Salvador fue obligado a tratar con los arengadores y acosadores que iban tras su vida. A Pablo lo bajaron en una canasta por los muros de la ciudad. Soportó golpes y pedradas. Fue arrestado y acusado. Naufragó y fue mordido por una serpiente. Todo porque se negó a abandonar a Cristo.

En una ocasión, Pablo y su compañero Silas fueron golpeados con varas y lanzados a la cárcel. Hechos 16:23 afirma que «los azotaron repetidas veces» (NBV). Es imposible imaginar lo doloroso que sería este tipo de paliza. En el libro clásico de derechos civiles, *Doce años de esclavitud*, leemos la verdadera historia de un hombre llamado

Solomon Northup a quien capturaron y obligaron a ser esclavo. Él dijo que cuando lo estaban azotando creyó que moriría, que era como si todo su cuerpo se incendiara.

Suponemos que las varas lastimaron gravemente o cortaron la piel de Pablo y Silas, porque más adelante el texto habla de sus heridas. Después el carcelero «los metió en el calabozo de más adentro, y les aseguró los pies en el cepo» (Hechos 16:24).

En esa época el cepo no era solamente por motivos de seguridad, sino una forma adicional de castigo: un tronco cuadrado partido en dos con agujeros para los tobillos del prisionero. Retiraban la parte superior del tronco, ponían los tobillos del prisionero en la mitad inferior de los agujeros, a continuación colocaban la parte superior del tronco sobre los tobillos y lo sujetaban. El prisionero podía quedar en esta posición durante días, sentado y sin poder mover las piernas en absoluto.

A veces los agujeros para las piernas se dilataban bastante para aumentar la incomodidad, y hay ejemplos en que también inmovilizaban las muñecas y la cabeza.[22]

¿Cómo respondieron los dos hombres? Veamos el texto: «Pero a medianoche, orando Pablo y Silas, cantaban himnos a Dios; y los presos los oían» (v. 25).

Así es como R. Kent Hughes explicó lo que a primera vista parece desconcertante: «Pablo y su compañero en el evangelio cantaban porque sabían que Dios los había llamado a través de la expansión de Asia Menor. Cantaban porque creían correctamente que eran prisioneros de Cristo y no de Roma».[23]

Estoy de acuerdo, pero aún no me explico cómo Pablo y Silas pudieron haber procesado el dolor y el trauma con tanta rapidez para que a medianoche pudieran estar cantando. Recuperar el equilibrio emocional después de esa clase de prueba lleva tiempo.

Pero no hay que descartar el poder de la adoración.

Los verdaderos adoradores del Dios verdadero no pueden dejar de adorarlo. *Tienen* que adorar en todas las condiciones de vida. Adoran en días soleados y lluviosos. Adoran en el palacio o en la cárcel. Adoran cuando las circunstancias los elevan y adoran cuando todo parece perdido. Jesús manifestó: «La hora viene, y ahora es, cuando los verdaderos adoradores adorarán al Padre en espíritu y en verdad; porque también el Padre tales adoradores busca que le adoren» (Juan 4:23).

Las personas que conocen a su Dios encuentran sanidad en la adoración. Aprenden a desviar su atención de su miseria hacia su Maestro. Es algo sobrenatural. ¡Es el poder del Espíritu Santo!

Si hoy día adoramos a Dios con resolución, podemos adorarlo mañana en medio de la persecución. Cuando aprendemos a adorar a Dios al mediodía, sabremos adorarlo a medianoche.

Hay algo milagroso en la adoración. Durante muchos años la persecución a los cristianos en el norte de Nigeria ha conmocionado al mundo, pero los creyentes allí no se dejan vencer. Un hombre, el pastor Selchun, fue capturado por terroristas que le amputaron la mano derecha. Mientras caía al suelo levantó la mano que le quedaba y comenzó a cantar: «Él es el Señor, él es el Señor, él fue levantado de entre los muertos y él es el Señor. Toda rodilla se doblará y toda lengua confesará que Jesucristo es el Señor».[24]

El Señor impartió gracia sobrenatural a ese querido pastor en el momento de necesidad, y hará lo mismo por nosotros en medio de todo incidente.

Así que desterremos la vergüenza y la tristeza. Sostengamos el evangelio en una mano y la cruz en la otra. La mejor manera de prepararnos para los días venideros es tomar en serio las grandes oportunidades que tenemos para adorar en privado y en público. Llenemos nuestro corazón y nuestra mente con las Escrituras y con canciones clave de fe.

Reevaluar el sufrimiento

Algún tiempo después de sus experiencias en esa cárcel macedonia, el apóstol Pablo escribió estas palabras a los cristianos en la ciudad de Roma: «Considero que los sufrimientos de este tiempo presente no son dignos de ser comparados con la gloria que nos ha de ser revelada» (Romanos 8:18, NBLA).

Sufrimientos y gloria, dos conceptos que parecen totalmente opuestos entre sí. Pero aquí aparecen como aliados. Cuando Pablo usó la palabra *considero*, estaba indicando algo más fuerte que una simple opinión o expresión. Parafraseando, él afirmó: «He decidido considerar que los sufrimientos del mundo no son dignos de compararlos con la gloria que ha de ser revelada. Lo he pensado muy bien, y ese es mi punto bíblico de vista».

Basándose en sus experiencias, Pablo concluyó que los sufrimientos del tiempo actual son algo leve en comparación con la gloria que un día experimentará en el cielo.

Lo mismo es y será cierto para usted y para mí. Un día en la eternidad, nuestros sufrimientos revelarán la gloria de Dios porque miraremos hacia atrás a este momento que parecía tan terrible, tan prolongado y tan insoportable, y nos daremos cuenta de que no era nada en comparación con las maravillas de Dios y todas las bendiciones que él nos tiene reservadas.

Existe una manera en que podemos revelar ahora mismo la gloria de Dios, incluso en medio de la persecución. Como estoy seguro de que usted ha descubierto, nuestro mundo está edificado en los principios de reciprocidad e intensificación. Si usted me hace daño, yo le corresponderé causándole un daño peor, y luego esperaré que usted me haga más daño, lo cual me dará luz verde para una retribución aún mayor... y el ciclo continúa.

Como cristianos, revelamos la gloria de Dios cuando rompemos ese ciclo. Lo glorificamos cuando respondemos a la persecución no con más ira o más venganza, sino con la paz de Dios que sobrepasa todo entendimiento.

Ese es el testimonio de un hombre en Laos, a quien conocemos simplemente como Boun, y que fue encarcelado por su fe. Así declaró él, recordando lo que le había sucedido a Pablo y Silas: «Me pusieron en el cepo, el cual me separó las piernas, y también me colocaron esposas. Incluso me pusieron otras esposas más pequeñas en los pulgares. Luego me colocaron en una habitación oscura sin comida durante siete días».

Por un año entero, Boun estuvo encerrado completamente solo en una celda de concreto. La única ventilación procedía de un pequeño orificio oxidado en la puerta metálica. El hombre ponía la nariz en ese hueco para respirar. Suplicó que le dieran una Biblia, pero no se la proveyeron.

Durante su segundo año, le dieron a Boun más libertad y le permitieron salir y recoger leña para el campamento. Cuando una fuerte inundación llevó mucha madera y escombros al campamento, los guardias dejaron que Boun trabajara durante horas sin vigilancia alguna.

Un día el preso vio su oportunidad, atravesó a nado la corriente y escapó. Fue a casa, recogió cinco Biblias y regresó nadando. Los guardias no se dieron cuenta de que él se había ido. Boun escondió cuatro Biblias en el bosque y comenzó a estudiar cada día y cada noche en su celda. Siempre que podía, predicaba a los otros prisioneros lo que estaba aprendiendo.

Seis meses después volvió a escapar y regresó, llevando con él pequeños radios para escuchar programación del evangelio. Entregó las Biblias y las radios a los demás prisioneros, y una obra de gracia comenzó en esa prisión. Un día un guardia vio la Biblia, y Boun fue llevado ante las autoridades de la prisión, quienes quisieron saber qué estaba estudiando. Boun abrió su Biblia y empezó a leerla. Después de leer un buen rato, expresó: «Ah, no puedo terminar de leerla en un solo día, pero si ustedes quieren saber más, yo se los diré».

El director de la prisión indicó: «Tu familia es tan firme en su fe que el cristianismo se ha extendido por todas partes». Poco tiempo después Boun fue liberado. Estaba muy contento por su liberación, pero su entendimiento acerca de la persecución había cambiado. Valoró su servicio a Dios más que su libertad entre los hombres.[25]

Cuando reevaluamos lo que Dios está haciendo y por qué, nos damos cuenta de que no vale la pena comparar los sufrimientos de este mundo presente con las oportunidades que se nos presentan y la gloria venidera. Lo importante entonces no es la circunstancia que estamos atravesando, sino *para* quién estamos ministrando y *a* quién estamos ministrando.

Recibir la recompensa

Por último, recordemos lo que el apóstol Santiago escribió sobre el sufrimiento: «Hermanos míos, tened por sumo gozo cuando os halléis en diversas pruebas, sabiendo que la prueba de vuestra fe produce paciencia. Mas tenga la paciencia su obra completa, para que seáis perfectos y cabales, sin que os falte cosa alguna» (1:2-4).

La persecución produce la recompensa del crecimiento personal, el fortalecimiento de nuestro carácter.

Recordemos también los resultados históricos de la persecución. Cuando los dirigentes judíos atacaron a los líderes de la iglesia primitiva, sus miembros se esparcieron por el mundo conocido, y el reino de Dios creció. Cuando los romanos quemaban a los cristianos en la hoguera, los esclavos y siervos en ese imperio vieron el testimonio fiel del pueblo de Dios. Creyeron, y el reino creció. A lo largo de la historia, ya sea en Europa, África o China, o sí, incluso Estados Unidos, la persecución a los cristianos ha alimentado una y otra vez la expansión de la iglesia.

La persecución produce la recompensa de una cosecha creciente en el reino de Dios. Incluso en el mundo del fin, el reino de Dios seguirá avanzando.

En el libro de Apocalipsis, Jesús dictó siete cartas a siete iglesias en Asia Menor. Una de esas iglesias, Esmirna, soportaba persecución extrema en la época de la visión de Juan. He aquí lo que el Salvador tuvo que decir a tal iglesia en ese momento:

> El primero y el postrero, el que estuvo muerto y vivió, dice esto: Yo conozco tus obras, y tu tribulación, y tu pobreza (pero tú eres rico), y la blasfemia de los que se dicen ser judíos, y no lo son, sino sinagoga de Satanás. No temas en nada lo que vas a padecer. He aquí, el diablo echará a algunos de vosotros en la cárcel, para que seáis probados, y tendréis tribulación por diez días. Sé fiel hasta la muerte, y yo te daré la corona de la vida. (2:8-10)

Al considerar lo que experimentaremos como seres humanos y como la iglesia durante el mundo del fin, es bueno que recordemos las palabras de Jesús: «No temas en nada lo que vas a padecer». No tengamos miedo a la persecución. No tengamos miedo a la demoledora y abrumadora promesa de tribulación. Ni siquiera le tengamos miedo a la posibilidad de sufrir y morir.

En lugar de eso, seamos fuertes. Estemos firmes. Soportemos. En palabras de Jesús, «Seamos fieles hasta la muerte, y yo les daré la corona de la vida».

El mundo del fin será un lugar de persecución para el pueblo de Dios, pero no debemos tener miedo. Tenemos por delante de nosotros a Jesús, nuestro Salvador, cuyas maravillosas obras nos permiten enfrentar esa persecución recontando nuestras bendiciones, respondiendo con adoración, reevaluando nuestro sufrimiento y recibiendo nuestra recompensa. La persecución no es un tiempo para correr y escondernos, sino una oportunidad para mantenernos firmes y ser fieles a nuestro Salvador.

Finalmente llegó el día en que Andrew Brunson fue llevado a juicio ante un tribunal turco que estaba decidido a condenarlo. Andrew estaba aterrado, pero también decidido a permanecer fiel a Cristo.

Después de una acusación tras otra, y de muchos testigos falsos, el juez le preguntó a Brunson si tenía algo que decir en su defensa. A estas alturas, los ojos del mundo estaban fijos en él, porque su caso había recibido publicidad mundial. Brunson se levantó, miró al juez a los ojos, y expresó:

> Jesús les dijo a sus discípulos que fueran por todo el mundo y proclamaran las buenas nuevas de salvación a todos, y que hicieran discípulos. Esta es la razón por la que vine a Turquía, para proclamar esto.
>
> Solo hay un camino hacia Dios: Jesús.
>
> Solo hay una forma de obtener el perdón para nuestros pecados: Jesús.
>
> Solo hay una forma de obtener vida eterna: Jesús.
>
> Solo hay un Salvador: Jesús. [...]
>
> ¡Durante los últimos veinticinco años he declarado a Jesús como el Salvador! Durante veintitrés años lo hice por elección, y los dos últimos años se me ha forzado a hacerlo desde la cárcel, pero mi mensaje es el mismo.[26]

El Señor movió las palancas de liderazgo y diplomacia, y Brunson fue liberado para regresar a casa en Estados Unidos, pero dejó atrás esa última palabra.

¡Jesús!

En un mundo de persecución debemos estar vigilantes y dispuestos. No nos angustiemos por el futuro; Dios nos dará gracia para ese momento. No nos desentendamos de los peligros; Dios los convertirá en oportunidades. El diablo no puede ganar, y las puertas del infierno no prevalecerán contra la iglesia de Jesucristo.

Sea que vivamos o muramos, el evangelio es cierto. Sea que estemos libres o entre rejas, nuestro mensaje es el mismo.

¡Es Jesús! ¡Y Jesús es el Señor!

Por tanto, en un mundo de persecución, *estemos preparados.*

Diez versículos para ayudarnos a *estar preparados*

«Esforzaos y cobrad ánimo; no temáis, ni tengáis miedo de ellos, porque Jehová tu Dios es el que va contigo; no te dejará, ni te desamparará» (Deuteronomio 31:6).

«En Dios he confiado; no temeré; ¿qué puede hacerme el hombre?» (Salmos 56:11).

«Sé para mí una roca de refugio, adonde recurra yo continuamente. Tú has dado mandamiento para salvarme, porque tú eres mi roca y mi fortaleza» (Salmos 71:3).

«¿Quién hay entre vosotros que teme a Jehová, y oye la voz de su siervo? El que anda en tinieblas y carece de luz, confíe en el nombre de Jehová, y apóyese en su Dios» (Isaías 50:10).

«Bienaventurados los que padecen persecución por causa de la justicia, porque de ellos es el reino de los cielos» (Mateo 5:10).

«¿Qué, pues, diremos a esto? Si Dios es por nosotros, ¿quién contra nosotros?» (Romanos 8:31).

«Bástate mi gracia; porque mi poder se perfecciona en la debilidad. Por tanto, de buena gana me gloriaré más bien en mis debilidades. [...] Por lo cual, por amor a Cristo

me gozo en las debilidades, en afrentas, en necesidades, en persecuciones, en angustias; porque cuando soy débil, entonces soy fuerte» (2 Corintios 12:9-10).

«Si alguna cosa padecéis por causa de la justicia, bienaventurados sois. Por tanto, no os amedrentéis por temor de ellos, ni os conturbéis. [...] Porque mejor es que padezcáis haciendo el bien, si la voluntad de Dios así lo quiere, que haciendo el mal» (1 Pedro 3:14, 17).

«Si alguno padece como cristiano, no se avergüence, sino glorifique a Dios por ello» (1 Pedro 4:16).

«Al que venciere, le daré que se siente conmigo en mi trono, así como yo he vencido, y me he sentado con mi Padre en su trono» (Apocalipsis 3:21).

Capítulo 6

EN UN MUNDO DE TRAICIÓN, *SEAMOS FIELES*

Muchos tropezarán entonces, y se entregarán unos a otros, y unos a otros se aborrecerán.

MATEO 24:10

El hombre que paseaba por un parque público en el condado Fairfax, Virginia, no parecía ser uno de los espías más peligrosos del mundo. Era un individuo de mediana edad, de clase media y estaba un poco fuera de forma. Pero observe con más atención. ¿Esa bolsa plástica en su mano? Ahora usted la ve. Y luego ya no.

Robert Hanssen, un agente del FBI con acceso de seguridad de primer nivel, había estado traicionando a su país durante dos décadas como agente doble. Desde 1979 vendió a los rusos miles de archivos estadounidenses clasificados, incluidos planes militares detallados para responder a una guerra nuclear. Traicionó a agentes estadounidenses, algunos de los cuales fueron ejecutados por los rusos. Incluso les habló a los rusos acerca de un túnel secreto de espionaje multimillonario debajo de la Embajada Soviética.[1]

Sin que Hanssen se diera cuenta, el FBI lo vigilaba ese día, 18 de febrero de 2001, en que el hombre hacía una entrega clandestina debajo del puente en Foxstone Park. Mientras lo rodeaban y esposaban, Hanssen hizo una pregunta: «¿Por qué tardaron tanto tiempo?».[2]

Entre 1979 y 2001, Hanssen traicionó una y otra vez a su país. La profundidad de su traición se revela en la declaración oficial del FBI:

> Una traición a la confianza por parte de un agente del FBI, que no solo ha jurado hacer cumplir la ley, sino específicamente para ayudar a proteger la seguridad de nuestra nación, es particularmente aborrecible. Este tipo de conducta delincuencial representa la acción más traidora imaginable contra un país gobernado por el Estado de Derecho. También golpea el corazón de todo lo que representa el FBI: el compromiso de más de 28.000 hombres y mujeres honestos y dedicados en el FBI que trabajan diligentemente para ganarse la confianza del pueblo estadounidense todos los días.[3]

Qué frase más amarga: *una traición a la confianza.* Un hombre como Robert Hanssen aparece en los titulares y los libros de historia, pero los actos de traición ocurren todos los días en la política, en los negocios y en la vida. Tal vez usted haya sido perjudicado por alguien que le traicionó la confianza, y en el proceso le destrozó el corazón.

¿Qué tiene que ver esto con el mundo del fin? Jesús incluyó la *traición* en su lista de tendencias que se intensificarían antes de su venida. Al igual que todos los demás elementos en nuestra lista, es probable que experimentemos traición en mayor medida mientras nos acercamos al final de la historia.

Veamos más de cerca. En Mateo 24:10, Jesús manifestó: «Muchos se apartarán de la fe entonces, y se traicionarán unos a otros, y unos a otros se odiarán» (NBLA).

El dolor de la traición

Pocas cosas en la vida nos duelen más que la traición personal. Si me preguntaran si alguien me ha traicionado alguna vez, respondería con un cauteloso «Sí». ¿Qué respondería usted? La *traición* es una de las palabras más fuertes en la escala emocional. No la usamos a la ligera. Lo que hace a la traición tan cruda y dolorosa es que no viene de nuestros enemigos, sino de aquellos que creíamos que eran nuestros amigos. Incluso de nuestra familia.

Las personas no pueden traicionarnos a menos que les hayamos permitido que traspasen nuestra red de defensas, a menos que hayamos bajado la guardia y confiado en ellas. La traición expone y explota nuestra vulnerabilidad. Hiere porque nos somete a un engaño. Según Les Parrott escribió: «[Los traidores] se muestran complacientes, leales y, sí, hasta sacrificados. Luego, sin previo aviso, levantan el cuchillo, y cuando logramos ver el brillo de la hoja, casi siempre es demasiado tarde».[4]

Tal vez usted le haya contado sus pensamientos más privados a alguien, solo para descubrir que esta persona traicionó su confianza y se los contó a alguien más. Quizás le pagó a alguien por adelantado para que le hiciera un trabajo o le diera un equipo, pero nunca obtuvo lo prometido. Mucho más doloroso es descubrir el engaño del cónyuge o la mentira de un hermano.

Muchas personas se sienten traicionadas por un padre o una madre de quienes no sintieron amor o respeto, o por un socio comercial que les hizo una mala jugada.

Phil Waldrep escribió: «Sinceramente, no conozco un dolor peor en la vida que ser traicionado por alguien cercano. Esto lo cambia todo. Después de una experiencia así, el mundo es simplemente un lugar diferente, más funesto y más cruel de lo que jamás creímos posible antes».[5]

Tal vez le sorprenda saber que «Querida Abby» sigue existiendo. Esta columna periodística fue iniciada en 1956 por Pauline Phillips, que usaba el pseudónimo de Abigail Van Buren. Ella escogió el nombre Abigail de la Biblia, una «mujer de buen entendimiento y de hermosa apariencia» (1 Samuel 25:3). Abigail le dio a David buenos consejos, y «Querida Abby» buscaba hacer lo mismo.

Jeanne Phillips, hija de Pauline, escribe ahora la columna. Cuando la leo echo un vistazo a qué clase de problemas está tratando, ¡y veo si estoy de acuerdo con el consejo que ofrece!

La siguiente carta apareció en «Querida Abby» exactamente cuando me encontraba trabajando en este capítulo, y es un ejemplo de los miles de problemas que han aparecido en columnas de consejos con el paso de los años.

> QUERIDA ABBY: Hace varios años mis padres nos traicionaron a mi hijo y a mí. Acogieron y apoyaron a mi exmarido, que nos abandonó por una compañera de trabajo con quien nos estaba engañando. Mi hijo y yo perdimos nuestra casa, nuestro auto y la vida que conocíamos, sin el apoyo de ningún familiar. Mi hijo todavía estaba en el colegio y fue un momento muy duro en nuestras vidas.
>
> Mis padres son mayores y les han diagnosticado condiciones potencialmente mortales. Ahora se están acercando a nosotros. Por decir lo menos, me siento recelosa. [...] No sé si debo reconsiderar volver a relacionarme con mis padres. Perder el apoyo de mi papá

fue más duro que perder a mi esposo, y no quiero volver a experimentar ese sufrimiento. ¿Puede aconsejarme?

—*Traicionada en Tennessee*[6]

¿Cómo habría contestado usted? Mire, esto no es hipotético. Todas las noches, personas del mundo entero se van a dormir con la sensación de que alguien las traicionó, y el dolor perdura por mucho tiempo. Muchas de ellas intentan perdonar y seguir adelante, pero este es un proceso difícil y doloroso.

Descripciones de la traición

Permítame decirle que no hay nada nuevo en ser traicionado por alguien. El pecado de la traición se remonta a un momento enigmático antes del principio de la historia humana, cuando el arcángel Lucifer se volvió contra su Creador. El Señor le expresó: «Tú, querubín grande, protector, yo te puse en el santo monte de Dios, allí estuviste; en medio de las piedras de fuego te paseabas» (Ezequiel 28:14). Pero este poderoso ángel abandonó a su Dios y dirigió en rebelión a una hueste de ángeles contra él.

Desde ese momento la traición ha caído a lo largo de la historia humana como un dominó.

Adán y Eva fueron seducidos por Satanás. Caín traicionó a su hermano Abel. Jacob traicionó a su hermano Esaú. Piense en cómo se sintió José cuando sus propios hermanos le quitaron la túnica de colores, lo arrojaron en una cisterna y lo vendieron como esclavo (Génesis 37:18-36). Dalila traicionó a su esposo Sansón, y los salmos de David están llenos de angustia por varios actos de traición, que incluyen un intento de golpe de estado por parte de su hijo Absalón.

David declaró en cierta ocasión: «Porque no me afrentó un enemigo, lo cual habría soportado; ni se alzó contra mí el que me aborrecía, porque me hubiera ocultado de él; sino tú, hombre, al parecer íntimo mío, mi guía, y mi familiar» (Salmos 55:12-13).

Hay muchos más ejemplos de traición en la Biblia, pero solo uno coincide con la horrenda traición de Satanás contra Dios el Padre que mencioné antes: la traición de Dios el Hijo cometida por Judas Iscariote. Lucas 22:3-4 explica: «Entró Satanás en Judas, por sobrenombre Iscariote, el cual era uno del número de los doce; y este fue y habló con los principales sacerdotes, y con los jefes de la guardia, de cómo se lo entregaría».

Cuando estudiamos el carácter de Judas en la Biblia, casi todas las referencias incluyen su acto de traición. Mateo lo presentó como «Judas Iscariote, el que más tarde lo traicionó» (10:4, NBV). Lucas lo describió como «Judas Iscariote, que llegó a ser el traidor» (Lucas 6:16). Juan manifestó: «Era la hora de cenar, y el diablo ya había incitado a Judas, hijo de Simón Iscariote, para que traicionara a Jesús» (13:2, NTV).

Aun hoy, la palabra *Judas* es un sinónimo para traidor.

Situémonos ahora en el Monte de los Olivos mientras el sol desciende en el cielo occidental. Jesús sabía que en cuestión de horas iba a experimentar el acto más infame de traición en la historia. Debió haberlo sabido incluso cuando en voz baja advirtió a quienes lo rodeaban de que un espíritu de traición envolvería a la civilización a medida que nos acercáramos al mundo del fin.

Profecía de la traición

Eso nos lleva específicamente a nuestro siguiente versículo en el Discurso del Monte de los Olivos, y a sus tres capas de severidad,

Mateo 24:10: «En aquel tiempo muchos *tropezarán*, y unos a otros *se traicionarán* y *odiarán*» (RVC, énfasis añadido).

¿Ha notado cuántas de las promesas proféticas de Jesús en el Discurso del Monte de los Olivos se relacionan con heridas emocionales? La profecía trata con más que terremotos, pestes y señales en el cielo. Tiene también que ver con tropiezos, traición y odio.

Cada palabra de Jesús es intencional, así que analicemos este trío de términos.

Un mundo de tropiezos

La palabra *tropiezos* en Mateo 24:10 es una traducción del término griego *skandalizo*, del que obtenemos nuestras palabras modernas *escándalo* y *escandalizado*. Ese término se usó treinta veces en el Nuevo Testamento, y se refiere a una trampa para pies oculta en el suelo que hace que alguien tropiece y caiga.

Estoy seguro de que en algún momento en su vida usted ha estado caminando y no vio un pedazo roto de concreto o una raíz en el suelo que lo hicieron tropezar y caer. Esa es la imagen que Jesús describió con el término *skandalizo*. La idea tiene que ver con Satanás usando a otras personas a nuestro alrededor para tendernos trampas. La Nueva Biblia Viva la traduce como «muchos de ustedes volverán a caer en pecado».

Por ejemplo, si un cristiano se involucra en algún hábito pecaminoso particular, él o ella tienden a llevar a otros por el mismo camino. Cuando los predicadores empiezan a apartarse de la sana enseñanza de las Escrituras, otros serán engañados. Si una personalidad cristiana conocida transgrede moralmente, hace que algunos creyentes se vuelvan cínicos. Cuando a una institución cristiana se le pone al descubierto por faltas éticas, hace tropezar a algunos creyentes que agitan las manos en el aire. Cuando un predicador, una iglesia o una denominación empieza a minimizar una tendencia pecaminosa en la sociedad, esto da una licencia a los cristianos más débiles para participar en dicho pecado, o incluso para exaltarlo.

Eso es lo que significa tropezarán: ser una piedra de tropiezo.

Ahora bien, hay una distinción vital que es importante que entendamos con relación a lo que a menudo se denomina «el escándalo de la cruz». Predicar el evangelio puede ofender a personas que no quieren escucharlo. Como cristianos, nuestra perspectiva bíblica puede ser desagradable para quienes la rechazan. Personalmente no quiero ser ofensivo. Tampoco usted. Sin embargo, a pesar de cuán amable, amorosa o compasivamente enseñemos las Escrituras, algunos se ofenderán por la verdad bíblica.

Eso *no* es a lo que Jesús estaba refiriéndose en Mateo 24:10.

Ofender a alguien en el sentido bíblico de *skandalizo* significa permitir que una falla espiritual llene nuestras vidas en maneras que hagan tropezar a creyentes más débiles. Jesús advirtió que esta tendencia crecería y aumentaría hasta el mundo del fin. Muchos tropezarán y se traicionarán.

Un mundo de traición

La palabra griega para «se traicionarán» es *paradidomi*. Es una expresión relativamente común en el Nuevo Testamento, utilizada en 121 ocasiones. Dicho término se tradujo en varias versiones bíblicas castellanas como «se entregarán». En el contexto de Mateo 24 describe a cristianos que tratan de escapar de la persecución o que se justifican por entregar a otros cristianos para ser juzgados, castigados o incluso condenados a muerte.

Nuevamente, la parte más triste de Mateo 24:10 es la frase «unos a otros». Los cristianos traicionarán a cristianos. O tal vez más precisamente, individuos que afirman ser cristianos traicionarán a los que realmente lo son.

Anteriormente enumeré algunos ejemplos infames de traición en la Biblia, pero hay uno más que deseo sugerir: Alejandro el calderero. Muchos comentaristas creen que vemos por primera vez a este sujeto en 1 Timoteo 1:20, cuando expresaba falsedades acerca de Dios entre los feligreses en Éfeso.[7] Pablo lo expulsó de la comunión de la iglesia, junto con otro hereje llamado Himeneo. El apóstol los entregó «a Satanás para que aprendan a no blasfemar» (1 Timoteo 1:20).

Lo que ocurrió a continuación no es seguro, pero muchos comentaristas creen que Alejandro albergaba un profundo rencor hacia Pablo, y en algún momento dio a conocer a las autoridades romanas el paradero del apóstol. Esto llevó al arresto final de Pablo, quizás en Troas. Todo esto se llevó a cabo durante la época más peligrosa que la iglesia había experimentado, cuando el emperador Nerón declaró a los cristianos como enemigos públicos del gobierno romano.

Si esta hipótesis es correcta, la traición de Alejandro llevó al encarcelamiento, juicio y ejecución del más grande evangelista y misionero en la historia cristiana. En el capítulo final que se sabe que Pablo escribió, este le dijo a Timoteo:

> Demas me ha desamparado, amando este mundo. [...] Solo Lucas está conmigo. Toma a Marcos y tráele contigo, porque me es útil para el ministerio. [...] Trae, cuando vengas, el capote que dejé en Troas en casa de Carpo, y los libros, mayormente los pergaminos. Alejandro el calderero me ha causado muchos males; el Señor le pague conforme a sus hechos. Guárdate tú también de él, pues en gran manera se ha opuesto a nuestras palabras. En mi primera defensa ninguno estuvo a mi lado, sino que todos me desampararon; no les sea tomado en cuenta. (2 Timoteo 4:10-16)

¿Vemos hoy día evidencia de cristianos siendo traicionados por familiares, vecinos o incluso supuestos hermanos y hermanas en

Cristo? Sí. Según hemos visto, una terrible persecución está afligiendo a la iglesia en muchas naciones. En ocasiones se ejerce una presión intensa sobre creyentes para que revelen los nombres de otros cristianos.

La mayoría resiste, pero algunos no pueden soportar la tensión.

Tal vez usted conozca el nombre Richard Wurmbrand, autor de un libro muy leído, titulado *Torturado por Cristo*. Nacido en un hogar rumano judío, Wurmbrand recibió en su juventud a Cristo como su Salvador. Durante la Segunda Guerra Mundial predicó en refugios antibombas y rescató a judíos de la captura. Cuando la Unión Soviética tomó las riendas después de la guerra, Wurmbrand comenzó a trabajar en la iglesia clandestina rumana y entre los soldados clandestinos en el ejército ruso.

Esto era peligroso.

Richard escribió más tarde: «Entre nosotros también teníamos nuestros propios "Judas", que informaban a la Policía Secreta. Los comunistas usaron los golpes, las drogas, las amenazas y el chantaje con el fin de lograr que nuestros ministros y laicos informaran sobre sus hermanos».[8]

Wurmbrand habló de un pastor llamado Florescu que fue torturado cuando las autoridades trataron de obligarlo a traicionar a sus hermanos y hermanas. El hombre soportó el sufrimiento. Entonces los funcionarios llevaron al hijo del pastor, de catorce años, y comenzaron a azotarlo frente a su padre. El pastor Florescu no pudo soportarlo y gritó que diría a la policía todo lo que querían saber. Pero el hijo le gritó estas palabras: «¡Papá, no lo hagas. No quiero recordar a mi padre como un traidor! Sopórtalo. Si me matan, estaré con Jesús!».

El muchacho murió alabando a Dios: «Pero después de ver esto nuestro querido hermano Florescu nunca volvió a ser el mismo de antes», declaró Wurmbrand.[9]

Eso se parece a lo que podría ocurrir durante la tribulación cuando la maldad será desenfrenada. La maquinaria del anticristo intentará rastrear a todos los nuevos creyentes y de obligarlos a dar los nombres de otros convertidos. Pero como hemos visto, los dolores de parto ya están ocurriendo.

Un mundo de odio

Por horrible que sea la traición, el odio es aún peor. Las personas pueden ser engañadas para que nos traicionen, o pueden hacerlo por debilidad. Pero cuando hacen daño por odio han alcanzado un nuevo nivel de maldad.

Jesús expresó: «En aquel tiempo muchos renegarán de su fe, y *se odiarán* y se traicionarán unos a otros» (Mateo 24:10, DHH, énfasis añadido). Esta es la segunda vez que Jesús menciona el odio. En el versículo 9 advirtió que el mundo nos odiaría, lo cual es un odio que viene de fuera de la iglesia. Pero en el versículo 10 advirtió que los cristianos (o supuestos cristianos) «se odiarán y se traicionarán», y esto significa que Jesús estaba advirtiendo de odio dentro de la iglesia.

John Wycliffe entendió este tipo de odio. Como erudito de Oxford que amaba la Palabra de Dios, Wycliffe sintió una gran carga por ayudar a otros a leer y relacionarse con las Escrituras. Pero la Biblia solo estaba disponible en latín durante la época de Wycliffe, lo cual significaba que solamente los eruditos podían leer el texto. Tales estudiosos enseñaban después a las «personas comunes» lo que estas debían saber.

Wycliffe cambió radicalmente este sistema al pasar años de su vida traduciendo del latín al inglés la Palabra de Dios. Y los líderes de la iglesia de su época lo odiaron por hacer esto.

Esta fue la posición oficial de la iglesia con relación a los esfuerzos de Wycliffe: «Por esta traducción, las Escrituras se han vuelto vulgares, y están más disponibles para los laicos, e incluso para las mujeres que pueden leer, que para los eruditos, que tienen una alta inteligencia. Así que la perla del evangelio es esparcida y pisada bajo los pies por los cerdos».

Wycliffe respondió: «Los ingleses aprenden mejor la ley de Cristo en inglés. Moisés escuchó la ley de Dios en su propia lengua; también lo hicieron los apóstoles de Cristo».

A medida que el conflicto se intensificaba, el papa Gregorio XI publicó cinco «bulas» (edictos) papales contra Wycliffe con un total de dieciocho acusaciones diferentes, en que etiquetaba al dotado erudito como «el maestro de los errores». Wycliffe fue arrestado muchas veces, acusado de herejía, puesto bajo arresto domiciliario y amenazado regularmente de muerte. Murió de causas naturales antes que la iglesia pudiera quemarlo en la hoguera. Sin embargo, cuarenta y tres años después los dirigentes de la iglesia exhumaron el cadáver de Wycliffe, quemaron los restos y esparcieron las cenizas en el río Swift.[10]

Eso es odio. Y esa clase de aversión extrema se volverá común en el mundo del fin, incluso dentro de la iglesia establecida. Algunos cristianos o cristianos fraudulentos durante ese tiempo cumplirán las palabras de Juan: «El que aborrece a su hermano está en tinieblas, y anda en tinieblas, y no sabe a dónde va, porque las tinieblas le han cegado los ojos» (1 Juan 2:11).

Debemos comprender que los verdaderos seguidores de Cristo, aquellos que permanecen en Cristo y crecen en él, no son las fuentes del odio sino los objetos de tal sentimiento. No obstante, la religión institucionalizada y el cristianismo apóstata serán vengativos contra los verdaderos creyentes.

Es por eso que debemos mantener fuera de nuestros corazones toda forma de odio, resentimiento y amargura. Me molesta ver que quienes afirman seguir a Jesús acosan a otros creyentes por asuntos de importancia secundaria. Veo a cristianos maltratando verbalmente a otros cristianos por sus creencias políticas, sus gastos financieros o sus estilos de adoración. Las afiliaciones denominacionales pueden ocasionar conflictos. Las peleas en la iglesia siempre causan daños colaterales.

No todos los seguidores de Cristo son igualmente maduros. Los cristianos experimentados deben establecer el modelo para los que todavía son bebés en Cristo. No debemos permitir que temas divisivos de importancia secundaria rompan el vínculo de comunión entre los miembros del reino de Dios.

Preparación para la traición

No tengo que convencerlo a usted de que la traición es dolorosa, ni persuadirlo de que las puñaladas por la espalda son comunes en nuestro mundo. Las hemos visto. Las hemos sentido.

Las verdaderas preguntas son: ¿qué debemos hacer al respecto? ¿Cómo debemos responder a la realidad de la traición tanto ahora como en el futuro? ¿Cómo nos preparamos para la traición?

La respuesta: ¡debemos ser fieles!

Pensemos en algunos pasos que podemos dar ahora mismo mientras intentamos hacer brillar la luz de la bondad y de la gracia de Dios en medio de un mundo en lucha con la deslealtad.

Escojamos cuidadosamente nuestros amigos

Ashley Garlett se crio en Australia Occidental, donde él y sus amigos juveniles comenzaron a buscar formas de divertirse. Subían y bajaban de trenes que circulaban lentamente por la ciudad. También pedían aventones en otros vehículos. Una noche, Ashley y uno de sus amigos viajaban en la parte trasera de un camión, cuando el vehículo aceleró. Los muchachos no podían bajarse, y el amigo de Ashley cayó y murió.

Ashley solo tenía trece años, y lidió con la tragedia fumando, bebiendo y reuniéndose con un mal grupo de amigos. A los diecinueve años se dio cuenta de que no estaba viviendo como quería vivir.

Las respuestas empezaron a llegar cuando comenzó a asistir a la iglesia de su madre. Ashley cuenta: «Así que eventualmente llegué a saber que Jesús murió por nosotros. Y dio su vida por nosotros para perdonarnos nuestros pecados. Así que un día decidí que quería responder al llamado del Señor y comencé un nuevo viaje para mí».

Al principio Ashley tuvo problemas para interactuar con sus antiguos compañeros. Quería hablarles de su fe, pero él ya no resultaba divertido para ellos. Incluso cuando sus antiguos amigos lo rechazaron, el joven comenzó a desarrollar nuevas amistades. Ahora Ashley declara: «Quiero comprometer mi vida en seguir a Cristo ayudando a otros a conocerlo personalmente, y estar junto a otros hermanos y hermanas apasionados y dedicados en servir a Dios».[11]

Es increíble cómo influyen en nosotros las amistades que elegimos cuando tenemos trece años (o diecinueve o cualquier otra edad). Con qué facilidad nos vemos arrastrados hacia relaciones malsanas. Nuestras necesidades pueden superar nuestro juicio, y nuestros sentimientos pueden anular el sentido común. Antes de darnos cuenta, estamos en una relación autodestructiva.

En la Biblia, Job tenía unos amigos que se le acercaron para consolarlo en medio de la angustia en que se hallaba. Al principio lloraron con él y lo acompañaron en medio de un comprensivo silencio (Job 2:11-13). Pero cuando empezaron a ofrecerle opiniones y a darle consejos, lo fastidiaron hasta finalmente hacerlo gritar: «¡Qué consejeros tan miserables son ustedes! [...] Tengan misericordia de mí, amigos míos, tengan misericordia; porque la mano de Dios me ha golpeado» (16:2, 19:21, NTV).

A pesar de todo, Job permaneció leal a Dios y a sus amigos. Y lo que es aún más sorprendente es que sus amigos permanecieron leales a Dios y a Job. A menudo criticamos con razón a los amigos de Job por el mal consejo que dieron, pero debemos recordar que al final de la historia tomaron con humildad el reproche de Dios, ofrecieron sacrificios por sus pecados y arreglaron las cosas.

«Fueron, pues, Elifaz [...], Bildad [...] y Zofar [...], e hicieron como Jehová les dijo. [...] Y quitó Jehová la aflicción de Job, cuando él hubo orado por sus amigos» (42:9-10).

La historia de Job nos enseña muchos principios importantes, pero este es uno de ellos: las amistades pueden sufrir altibajos, pero necesitamos amigos que se mantengan leales a Dios y a nosotros cuando todo esté dicho y hecho.

Proverbios 12:26 expresa: «Los justos dan buenos consejos a sus amigos; los perversos los llevan por mal camino» (NTV).

¿Nos ayudan nuestros amigos a acercarnos a Dios, o nos alejan de él? Esa sencilla pregunta puede contribuir en gran medida a llenar nuestra vida de relaciones positivas.

Otro versículo en Proverbios declara: «En todo tiempo ama el amigo, y es como un hermano en tiempo de angustia» (17:17). Tómese un momento para recordar una época reciente de dolor o dificultad en su vida. ¿Quién estuvo allí para ayudarle? ¿Quién estuvo presente con usted? ¿Y con quiénes ha estado usted durante los momentos de lucha que otras personas han enfrentado?

Necesitamos amigos que sean sinceros con nosotros, diciéndonos la verdad y evitando que cometamos errores o que tengamos tropiezos. Proverbios 27:6 indica: «Fieles son las heridas del que ama; pero importunos los besos del que aborrece».

La mejor manera de evitar a aquellos que son piedras de tropiezo, traidores o que se muestran llenos de odio es cultivar un puñado de amistades provechosas con personas que estén entregadas a Dios. Si son leales a él, serán leales a nosotros. Nos levantarán, no nos derribarán.

Mantengámonos centrados en nuestro propósito

¿Cómo debemos reaccionar al descubrir que nos han engañado o traicionado de alguna manera, probablemente a pesar de nuestros esfuerzos por cultivar amistades sólidas?

Como Jesús respondió.

¿Qué hizo el Señor cuando supo que Judas había salido del aposento alto para dar a conocer su paradero a las autoridades? Jesús aún tenía trabajo que hacer antes que lo arrestaran, y en Juan 14–16 dio a sus discípulos el sermón más fabuloso de su vida. Luego, en el valle del Cedrón, Jesús ofreció su oración más larga registrada en la Biblia: Juan 17.

En medio de la traición, Jesús se mantuvo centrado en su propósito.

Incluso más tarde, después que fue arrestado debido a la traición de Judas, Jesús se mantuvo firme en la tremenda obra que tenía por delante. No permitió que la traición lo desviara. Por el contrario, siguió adelante, incluso hasta la cruz. El libro de Hebreos afirma que Jesús, «por el gozo puesto delante de él sufrió la cruz, menospreciando el oprobio, y se sentó a la diestra del trono de Dios» (12:2).

Hay una lección para nosotros. La traición puede ser tan dolorosa, tan agonizante, que somos incapaces de enfocarnos en algo más. No podemos erradicarla. Nuestros corazones se vuelven amargados. Consideramos la posibilidad de vengarnos. Todo esto no hace más que crear un daño mayor.

Cuando usted se enfrente a una traición, decida no enfocarse en sí mismo, sino en su propósito. Tal como Jesús, elija vivir por encima de la mentalidad de amargura y venganza volcando su vida en la obra que Dios le ha llamado a realizar.

Lo diré de este modo: permanecer enfocado en su propósito le permitirá mantener el sufrimiento en perspectiva.

Seamos leales

Walter Orthmann tenía quince años cuando consiguió su primer trabajo. El 17 enero de 1938 comenzó a trabajar en la empresa brasileña Industrias Renaux, que más tarde llegó a llamarse RenauxView.

¿Podría usted creer que Walter Orthmann sigue siendo empleado en esa empresa mientras escribo estas palabras? Comenzó como asistente de envíos y rápidamente fue promovido a ventas, antes de pasar a la administración. Cumplió cien años el 19 abril de 2022. Poco tiempo después se le otorgó el récord mundial Guinness por la carrera más larga en una sola empresa: ochenta y cuatro años, nueve días y el tiempo sigue contando para él.

Al preguntarse acerca de su récord, Orthmann pareció perplejo, y contestó: «Cuando hacemos lo que nos gusta, no pasa el tiempo. [...] Lo único que me importa es que mañana será otro día en el que me despertaré, me levantaré, haré ejercicio e iré a trabajar; hay que ocuparse del presente, no del pasado ni del futuro... El aquí y el ahora es lo que cuenta».[12]

Ya no hay muchos Walters que enfrenten la vida con tal actitud. La lealtad y el compromiso a menudo son poco populares porque requieren que pensemos en los demás y no en nosotros mismos. Pero la belleza de la lealtad compensa la amargura de la traición. Vemos evidencia de esa belleza en las Escrituras.

- «Ahora bien, se requiere de los administradores, que cada uno sea hallado fiel» (1 Corintios 4:2).
- «El fruto que el Espíritu produce en nosotros: amor, gozo, paz, paciencia, benignidad, bondad, fidelidad» (Gálatas 5:22, NBV).
- «No temas en nada lo que vas a padecer. He aquí, el diablo echará a algunos de vosotros en la cárcel, para que seáis probados, y tendréis tribulación por diez días. Sé fiel hasta la muerte, y yo te daré la corona de la vida» (Apocalipsis 2:10).

En un mundo de traición, busquemos el tipo de lealtad que inspira a otros a mantenerse fieles en su compromiso con Cristo.

Quintin Campbell entró a la Academia Militar de Estados Unidos en West Point, y rápidamente se desanimó. Su madre, al enterarse, le pidió a un amigo que escribiera a Quintin una carta de ánimo. Deseo participarle a usted esta carta porque a todos nos vendría bien el consejo.

> Cadete Quintin Campbell:
>
> Tu buena madre me cuenta que te estás sintiendo muy mal en tu nueva situación. Déjame asegurarte que es una certeza perfecta que muy pronto te sentirás mejor, bastante feliz, si sencillamente te apegas a la resolución que tomaste de procurarte una educación militar. [...] Al contrario, si vacilas y te rindes, perderás el poder de mantener cualquier resolución y te arrepentirás toda tu vida.
>
> A. Lincoln
>
> 28 junio, 1862[13]

Como en muchos otros temas, el consejo de Abraham Lincoln para ese joven sigue siendo útil hoy día. No vacilemos ni nos rindamos en hacer el bien y mantenernos fieles. Sigamos adelante sin perder el poder de la resolución.

Hagamos el bien a quienes nos odian

Sabemos por Jesús que las personas nos traicionarán, incluso personas que se llaman a sí mismas cristianas. Esto *sucederá*. Tengámoslo por seguro. Con eso en mente, ¿cómo debemos responder?

Esta es una de esas preguntas a las que la Biblia responde en forma sencilla. Se nos dice que mostremos amor y hagamos el bien a quienes nos lastiman. Incluso a quienes nos traicionan. La Biblia no podría ser más clara al respecto:

- «Si tu enemigo tiene hambre, dale de comer pan, y si tiene sed, dale a beber agua; porque así amontonarás brasas sobre su cabeza, y el SEÑOR te recompensará» (Proverbios 25:21-22, NBLA).
- «Oísteis que fue dicho: Amarás a tu prójimo, y aborrecerás a tu enemigo. Pero yo os digo: Amad a vuestros enemigos, bendecid a los que os maldicen, haced bien a los que os aborrecen, y orad por los que os ultrajan y os persiguen» (Mateo 5:43-44).
- «Bendecid a los que os persiguen; bendecid, y no maldigáis. [...] No paguéis a nadie mal por mal; procurad lo bueno delante de todos los hombres. Si es posible, en cuanto dependa de vosotros, estad en paz con todos los hombres. No os venguéis vosotros mismos, amados míos, sino dejad lugar a la ira de Dios; porque escrito está: Mía es la venganza, yo pagaré, dice el Señor» (Romanos 12:14, 17-19).
- «No le hagan mal al que les hizo mal ni insulten al que los insultó. Al contrario, bendíganlo, porque Dios los eligió a ustedes para que reciban bendición» (1 Pedro 3:9, NBV).

Se dice que Alfred Lord Tennyson hizo este comentario acerca de Thomas Cranmer, quien fue arzobispo de Canterbury en el siglo XVI: «Hacerle daño daba como resultado engendrar bondad en él. Su corazón estaba hecho de una tierra tan buena que si se plantaban en él semillas de odio, florecía amor».[14]

Usted y yo tenemos el mismo llamado. Sí, Jesús ha advertido acerca del potencial de la traición. Pero ese mismo Jesús también nos ordenó ir tan lejos como sea posible para mostrar bondad y gracia. Jesús nos otorgó el Discurso del Monte de los Olivos para que no nos sorprendiera el odio que nos rodea. Estaba preparándonos para ser luz en medio de las tinieblas, porque es entonces cuando la luz es más impresionante y cuando Dios se ve más glorioso.

Anteriormente escribí sobre el pastor rumano Richard Wurmbrand. Él mismo fue traicionado por un amigo, lo que dio como resultado catorce años de cárcel y tortura. Mucho tiempo después, un líder de misiones llamado Dale Rhoton caminaba con Wurmbrand por una calle cuando vieron un hombre que se acercaba. Wurmbrand saludó al hombre con besos en el típico estilo rumano, y se lo presentó a Rhoton.

Al seguir caminando, Dale Rhoton comentó: «Pastor Wurmbrand, eso es interesante. El nombre de esa persona es igual al del individuo que lo traicionó a usted».

Sin perder el ritmo, Wurmbrand contestó: «Rhoton, todos cometemos errores».

Dale Rhoton dijo más tarde: «Si alguien me ha hecho algún daño, debo comparar eso con lo que Richard Wurmbrand experimentó, y entonces yo debería ser capaz de perdonar a las personas con mucha facilidad. [...] Él debe haber estado totalmente convencido de la soberanía de Dios».[15]

Vamos a necesitar la actitud de Richard Wurmbrand y la comprensión que tenía de la soberanía de Dios, porque el mundo del fin significa una creciente traición.

Contemos con el carácter de Dios

Eso me lleva a mi sugerencia final: en medio de la traición, contemos con el carácter de Dios. Comprendamos la soberanía de Dios. Apoyémonos en el amor de Dios.

Esta fue la conclusión a la que llegó José después de años de procesar la traición de sus hermanos. Años más tarde les declaró: «No temáis; ¿acaso estoy yo en lugar de Dios? Vosotros pensasteis mal contra mí, mas Dios lo encaminó a bien, para hacer lo que vemos hoy, para mantener en vida a mucho pueblo» (Génesis 50:19-20).

Cuando Alejandro el calderero lo traicionó, Pablo siguió adelante hasta escribir su último libro, 2 Timoteo, con la resolución de terminar su carrera y guardar la fe. Esa epístola final contiene estas palabras: «Pero el Señor estuvo a mi lado, y me dio fuerzas, para que por mí fuese cumplida la predicación, y que todos los gentiles oyesen. Así fui librado de la boca del león. Y el Señor me librará de toda obra mala, y me preservará para su reino celestial. A él sea gloria por los siglos de los siglos. Amén» (4:17-18).

Quizás la clave para procesar la traición que experimentamos como seguidores de Jesús es reconocer que por cada persona que nos abandona, Dios nos ha bendecido abundantemente más con su incesante fidelidad.

Los amigos nos fallarán y los enemigos nos asaltarán, pero nuestro Salvador nunca nos dejará ni nos abandonará. Su lealtad es tan inconmensurable como su amor. Su soberanía prevaleciente convertirá finalmente nuestros momentos de amargura en ocasiones para alabar. ¡Contemos con eso!

El apóstol Pablo expresó: «Estoy seguro de que ni la muerte, ni la vida, ni ángeles, ni principados, ni potestades, ni lo presente, ni lo por venir, ni lo alto, ni lo profundo, ni ninguna otra cosa creada nos podrá separar del amor de Dios, que es en Cristo Jesús Señor nuestro» (Romanos 8:38-39).

Fieles hasta el final

En 1850, John Gray llegó con su familia a la ciudad de Edimburgo, Escocia. Aunque era jardinero de profesión, había escasez de trabajo en la ciudad. Por tanto, John se unió al cuerpo de policía de Edimburgo como vigilante nocturno. Todas las noches recorría las calles para garantizar la seguridad en ellas.

Sin embargo, John Gray no caminaba solo. Su compañero constante era un pequeño skye terrier llamado Bobby. Sin importar la temperatura o el clima exterior, se podía ver a John y Bobby caminando juntos por las calles en la noche, alerta ante cualquier problema o cualquier grito de ayuda.

Después de muchos años de realizar este trabajo con dedicación, John murió de tuberculosis. Fue enterrado en un cementerio llamado Greyfriars Kirkyard dentro de la ciudad.

Bobby el terrier no quiso dejar de estar junto a su amo. Cada día llegaba para pasar largas horas tendido ante la tumba de John. Al principio, el jardinero del camposanto trató de ahuyentar al perro. Pero después de meses de presenciar la fidelidad de Bobby, el jardinero hizo un pequeño refugio para que el perrito pudiera estar protegido de la intemperie mientras continuaba su silenciosa vigilia.

Más tarde al perro lo denominaron Greyfriars Bobby, y visitó la tumba de su amo cada día *durante catorce años* hasta que también falleció. Los residentes de Edimburgo erigieron una fuente de granito fuera del cementerio con una estatua de Bobby en lo alto. Todavía hoy se puede leer su lápida: «Greyfriars Bobby, murió el 14 enero de 1872 a los dieciséis años. Que su lealtad y devoción sean una lección para todos nosotros».[16]

Así es, aprendamos el valor de la lealtad en una era de traición. Que siempre se diga que los seguidores de Jesús son fieles y veraces, incluso en un mundo de traición como el mundo del fin.

No dejemos que un mundo así nos haga tropezar o nos derrumbe. En lugar de eso, *seamos fieles.*

Diez versículos para ayudarnos a *ser fieles*

«Conoce, pues, que Jehová tu Dios es Dios, Dios fiel, que guarda el pacto y la misericordia a los que le aman y guardan sus mandamientos, hasta mil generaciones» (Deuteronomio 7:9).

«Sea, pues, perfecto vuestro corazón para con Jehová nuestro Dios, andando en sus estatutos y guardando sus mandamientos, como en el día de hoy» (1 Reyes 8:61).

«Los ojos del SEÑOR *recorren el mundo para poner su poder en favor de quienes le son fieles» (2 Crónicas 16:9,* NBV*).*

«Nunca se aparten de ti la misericordia y la verdad; átalas a tu cuello, escríbelas en la tabla de tu corazón; y hallarás gracia y buena opinión ante los ojos de Dios y de los hombres» (Proverbios 3:3-4).

«Los justos dan buenos consejos a sus amigos» (Proverbios 12:26, NTV*).*

«En todo tiempo ama el amigo, y es como un hermano en tiempo de angustia» (Proverbios 17:17).

«Si el que te aborrece tuviere hambre, dale de comer pan, y si tuviere sed, dale de beber agua;

porque ascuas amontonarás sobre su cabeza, y Jehová te lo pagará» (Proverbios 25:21-22).

«Si fuéremos infieles, él permanece fiel; él no puede negarse a sí mismo» (2 Timoteo 2:13).

«El Señor me librará de toda obra mala, y me preservará para su reino celestial» (2 Timoteo 4:18).

«No temas en nada lo que vas a padecer. He aquí, el diablo echará a algunos de vosotros en la cárcel, para que seáis probados, y tendréis tribulación por diez días. Sé fiel hasta la muerte, y yo te daré la corona de la vida» (Apocalipsis 2:10).

Capítulo 7

EN UN MUNDO DE MALDAD, *SEAMOS BONDADOSOS*

Por haberse multiplicado la maldad, el amor de muchos se enfriará.

Mateo 24:12

Zaki Anwari tenía diecisiete años, era bien parecido, atlético y una estrella prometedora en la selección nacional de fútbol de Afganistán. Pasaba horas cada día practicando, tratando de emular a su héroe, el futbolista argentino Lionel Messi. El hermano mayor de Zaki comentó: «Él no se cansaba. De eso era lo único que hablaba, y lo único que hacía».

Zaki nació después del 11 de septiembre, 2001. No recordaba el brutal gobierno de los talibanes ni el caos inicial de la guerra en Afganistán. Se crio en Kabul en relativa paz y prosperidad, gracias a la presencia de las fuerzas estadounidenses.

Cuando el presidente Joe Biden anunció que retiraría las tropas estadounidenses de Afganistán en agosto de 2021, Zaki se preocupó mucho. Había escuchado informes de que las fuerzas talibanes se dirigían a Kabul. Cuando la resistencia afgana se desplomó, Zaki tuvo miedo por su familia y su futuro. Sobre todo, lamentaba la pérdida de convertirse en estrella futbolística. Los talibanes prohibían la mayoría de deportes, y en su lugar reunían a los jóvenes y los obligaban a participar en rituales religiosos islámicos y a vivir bajo estricto control.

El 16 agosto, Zaki fue al aeropuerto internacional de Kabul con su hermano mayor y un primo que había trabajado para una empresa estadounidense con el fin de intentar conseguir un pasaje para salir de Afganistán. Ya se había producido un atentado suicida en la ciudad, y la población comenzaba a sentir pánico. Las fuerzas talibanes estaban cerca, casi rodeando la ciudad. El gobierno respaldado por Estados Unidos mostraba cada vez más y más señales de colapso inminente.

El plan era que Zaki vigilara el auto mientras los hombres mayores negociaban, pero Zaki saltó la valla y entró al aeropuerto.

No está claro lo que pasó después. En algún momento, Zaki llegó a la pista mientras un C-17 de la Fuerza Aérea de Estados Unidos se preparaba para despegar. Él corrió hacia la nave poniéndose a su lado. Cuando el avión aceleró a ciento noventa kilómetros por hora, Zaki perdió el equilibrio y cayó debajo de las ruedas. Entre sus últimas palabras conocidas estaban: «Oren por mí. ¡Me voy a Estados Unidos!».[1]

¿Por qué correría alguien junto a un avión durante el despegue? Desesperación. Terror creciente en el corazón. Maldad. Violencia. Caos. Brutalidad.

Cualquiera de esas palabras respondería la pregunta, y todas ellas describen cada vez más nuestro mundo. Esto lo vemos más vívidamente en los estados fallidos de hoy, tales como Yemen, Somalia, Siria y, sí, Afganistán, donde la ley y el orden han colapsado. Los extremistas llenan el vacío, fomentando odio y exportando terror.

Es difícil para usted y para mí comprender la espantosa vida que le espera a un pueblo cuando las atrocidades reinan y el liderazgo viene de los matones. La mayoría de nosotros en Estados Unidos y Occidente nos hemos sentido relativamente seguros. Elegimos dirigentes que juran respetar la ley. Tenemos fuerzas del orden encargadas de hacer cumplir la ley y los sistemas de respuesta para emergencia llenos de millones de personas buenas y decentes.

Pero algo está cambiando. Nuestros policías han sido tan vilipendiados por los medios de comunicación, que les resulta difícil realizar su trabajo. Los políticos reducen los presupuestos de las fuerzas de seguridad y los fiscales liberan a los detenidos. Con fronteras abiertas es difícil controlar a contrabandistas de personas, traficantes de sexo y drogas peligrosas. Nuestras naciones occidentales se han dividido tanto que no sabemos cuándo un incidente provocará disturbios en nuestras calles y violencia en nuestros vecindarios.

¿Qué nos está pasando?

La respuesta es exactamente lo que Jesús predijo en el Discurso del Monte de los Olivos: «Por haberse multiplicado la maldad, el amor de muchos se enfriará» (Mateo 24:12).

La vida en un mundo sin ley

Repasemos la secuencia de los acontecimientos que tendrán lugar antes del arrebatamiento de la iglesia, recordando el principio de los dolores de parto de que esos mismos hechos seguirán acelerándose en frecuencia e intensidad durante la tribulación.

Engañadores vendrán. Guerras y rumores de guerras surgirán. Hambres, plagas y terremotos se acrecentarán en tamaño y alcance. Las autoridades mundiales perseguirán a los cristianos, y la persecución se extenderá a todos los rincones del globo. Enfrentaremos traición y odio, y muchos falsos profetas saldrán y engañarán a multitudes.

Con este raudal de crisis estallando, no sorprende saber que la violencia aumentará y el amor disminuirá proporcionalmente.

Sin embargo, hay una realidad aún más profunda detrás de estas orientaciones. Ellas representan un rechazo colectivo a Jesucristo en este planeta. Se trata del cumplimiento de Salmos 2, que se citó siete veces en el Nuevo Testamento, incluido el libro de Apocalipsis.

> ¿Por qué se sublevan las naciones, y los pueblos traman cosas vanas? Se levantan los reyes de la tierra, y los gobernantes traman unidos contra el SEÑOR y contra Su Ungido, diciendo: «¡Rompamos Sus cadenas y echemos de nosotros Sus cuerdas!». (vv. 1-3, NBLA)

Todo lo que Jesús describió en su Discurso del Monte de los Olivos provocará una distancia entre la humanidad y el cielo. Las naciones abandonarán en forma intencional los valores y las prioridades prescritas en las Escrituras. Las culturas se desvincularán de las instituciones que proporcionan la seguridad y el éxito que hoy damos por sentado.

Dietrich Bonhoeffer lo dijo de este modo: «El mejor conocedor del hombre sabe infinitamente menos del corazón humano que el creyente que vive simplemente del conocimiento de la cruz de Cristo. Porque existe algo que la mayor agudeza, el mayor talento y la mayor experiencia psicológica no podrán jamás conseguir: comprender la realidad del pecado».

Bonhoeffer sigue diciendo: «La ciencia psicológica conoce la angustia, la debilidad y la desesperación del hombre, pero no sabe lo que es estar sin Dios. En consecuencia no sabe tampoco que, abandonado a sí mismo, el hombre camina hacia la perdición y que solo el perdón puede salvarle. Esto solamente lo sabe el cristiano».[2]

¡Jesús lo sabía! Veamos otra vez Mateo 24:12: «*Por* haberse multiplicado la maldad, el amor de muchos se enfriará» (énfasis añadido).

La palabra *por* sugiere una relación de causa y efecto entre las dos cláusulas de esa oración. Cuando las personas rechazan la rectitud que proviene de la justicia de Dios, pierden el amor que viene de la gracia divina. Entonces, esto se convierte en un círculo vicioso descendente. La maldad engendra falta de amor, y la falta de amor ocasiona más maldad.

La maldad se multiplicará

Cuando Jesús profetizó que «la maldad se multiplicará», estaba describiendo algo más que la ausencia de leyes o la aplicación de la ley. Sus palabras recuerdan períodos de la historia humana que se definieron por el caos y el desorden; la Edad Media, por ejemplo, o el legado sangriento de la primera mitad del siglo XX. O, como dije antes, los estados fallidos y los paraísos terroristas de hoy. Pero la maldad que Jesús señaló en el mundo del fin será exponencialmente peor que todo lo que hayamos presenciado hasta el momento.

El erudito bíblico Frederick Dale Bruner describe este período futuro como un tiempo de «anarquía única» en que el concepto mismo de moralidad dará un giro total. El bien y el mal se invertirán, con culturas enteras que celebrarán lo malo y condenarán lo bueno.

En palabras de Bruner: «Los seres humanos pecadores siempre practican maldad, pero habrá una maldad única al final. A lo bueno se le llamará malo y a lo malo se le llamará bueno en un nivel masivo y sin precedentes, exponencialmente. Las personas se "gloriarán en su vergüenza"».[3]

El profeta Isaías ofreció un presagio de esta temporada de maldad: «¡Ay de los que a lo malo dicen bueno, y a lo bueno malo; que hacen de la luz tinieblas, y de las tinieblas luz; que ponen lo amargo por dulce, y lo dulce por amargo! ¡Ay de los sabios en sus propios ojos, y de los que son prudentes delante de sí mismos!» (Isaías 5:20-21).

John Staddon ha presenciado esta inversión única del bien y el mal. Como profesor destacado de psicología y neurociencia en la universidad Duke, ha escrito seis libros y más de doscientos artículos de investigación académica. Es bien considerado como experto en varios campos de estudio.

Sin embargo, Staddon fue expulsado recientemente de un foro de psicología y neurociencia patrocinado por la Asociación Estadounidense de Psicología. ¿El motivo? En el foro, Staddon habló abiertamente acerca de la realidad biológica de dos sexos: masculino y femenino.[4]

En otros titulares vemos la misma lógica retorcida:

- El Departamento de Justicia de Estados Unidos equiparó recientemente a los padres como «terroristas locales» por oponerse a las juntas escolares y otros grupos que enseñan a los niños a juzgar a las personas por el color de la piel y no por el carácter.[5]
- En Kenosha, Wisconsin, a los manifestantes violentos los homenajearon como héroes tras incendiar edificios y saquear negocios. Los bomberos locales reaccionaron a treinta y siete incendios separados durante una sola noche de protestas.[6]

El aborto es el ejemplo más extremo de inmoralidad que se festeja como moral. Desde la histórica decisión de la Corte Suprema conocida como *Roe contra Wade*, ha habido más de sesenta y tres millones de abortos solamente en Estados Unidos. Eso significa que hay sesenta y tres millones de seres humanos, creados a imagen de Dios, a quienes se les negó legal y oficialmente el derecho a existir.

Afortunadamente, la Corte Suprema ha anulado el precedente legal de *Roe contra Wade*, poniendo fin a la protección federal del aborto como un derecho constitucional. Observé con interés la reacción a esta sentencia. La furia de los defensores del derecho a elegir expuso la vehemencia con la que desprecian el más básico de todos los derechos civiles: el derecho a vivir.

Mientras la sociedad se acerca cada vez más al mundo del fin, sentimos las corrientes de la tribulación chocando contra nuestra propia atmósfera. Como nunca antes, debemos ser capaces de articular posiciones bíblicas sobre aspectos morales sin confundir o invertir el bien y el mal.

Y, como nunca antes, debemos comprender que la creciente locura en nuestro mundo no es principalmente un problema político o militar. Es un problema espiritual. Cuanto más se aleje de Cristo nuestro mundo, más se acerca a la crueldad y el caos. Jesús aseveró que la maldad aumentará.

El amor se enfriará

Esta creciente maldad hará que el amor de muchos se enfríe. La versión bíblica Dios Habla Hoy de Mateo 24:12 declara: «La mayoría dejará de tener amor hacia los demás». No solo *muchas* personas, ¡sino la *mayoría* de ellas! Cuanto más nos alejemos de la justicia de Dios, menos reflejaremos el amor de Dios.

Hace años recuerdo haber visto un dibujo animado en cuatro recuadros. En el primero, un jefe regañaba a un empleado. En el siguiente, el empleado llegaba a casa y le gritaba a su esposa. El tercer recuadro mostraba a la esposa reprendiendo al hijo menor, y en último recuadro, el muchacho pateaba al perro.

La ira produce una reacción en cadena que puede viajar por todo el mundo, y ahora puede hacerlo con el clic de un botón. Nunca sabemos dónde estallará la violencia próximamente.

Mientras trabajaba en este capítulo el 4 de julio me tomé un momento para revisar los titulares. Un hombre armado empezó a disparar en un desfile del Día de la Independencia en Highland Park fuera de Chicago. Al menos siete personas murieron y decenas resultaron heridas cuando el individuo disparó desde una azotea con un rifle de gran potencia. ¡Los informes iniciales indicaron que había planeado el ataque durante semanas!

La alcaldesa de Highland Park realmente conocía al presunto pistolero desde muchos años antes cuando él formaba parte de los Boy Scouts. La declaración de la alcaldesa parece demasiado conocida: «Me rompe el corazón. Veo esta foto y, a través de los tatuajes, veo al niño pequeño. No sé qué lo llevó a este punto».[7]

¿Qué es lo que ha ocurrido? Los expertos debaten las razones para este tipo de situaciones: armas, enfermedad mental, hogares destrozados, drogas. Todos estos aspectos pueden representar una parte, pero la causa principal que nos llevó a todos «a este punto» se identifica en Mateo 24:12. Debido al aumento de la violencia, el amor piadoso verdadero como fuerza humana queda excluido de nuestra cultura, lo que a su vez engendra más violencia.

A causa de esta creciente maldad, el amor de la mayoría de personas «se enfriará». Esa frase es una traducción de la raíz griega de la palabra *psycho*, que literalmente significa «respirar o soplar». De ahí es donde obtenemos las palabras castellanas *psiquis* y *psicología*.

Pero en Mateo 24:12 la palabra se utilizó literalmente en el sentido de soplar aire sobre algo. Piense en su café cuando está demasiado caliente para beberlo. ¿Qué hace usted? Sopla sobre él, permitiendo que el aire revuelva la parte superior del líquido y lo enfríe solo un poco. Esa es la imagen de la palabra que Mateo usó. A medida que los vientos de maldad soplan sobre nuestro mundo, se enfría nuestro amor, y el mundo se vuelve un lugar más frío.

¿Necesita más evidencia? Piense en la soledad y desorientación de multitudes de personas a nuestro alrededor. Un estudio reciente concluyó que 36 % de los estadounidenses experimenta «soledad grave» en una manera que les afecta significativamente la vida. Esto incluye una enorme cantidad de 61 % de adultos jóvenes.[8]

Veamos también el aumento en los «trastornos del desánimo» en las últimas décadas, que incluyen adicción, ansiedad, depresión, suicidio y más, que están disparándose en Estados Unidos y en todo el mundo. Es más, la revista médica *BMJ* realizó recientemente una revisión de los reclamos de seguros de salud entre 2009 y 2018. Los investigadores descubrieron un 68 % de aumento en los trastornos de desánimo en un nivel amplio durante ese período:

- Los pensamientos y comportamientos suicidas en niños (menores de dieciocho años) aumentaron 287 % en ese período de diez años.
- El índice de abuso de sustancias registrado entre adultos de 55 a 74 aumentó 172 %.
- El abuso de sustancias entre infantes aumentó 114 %, lo que está directamente relacionado con las adicciones entre madres jóvenes.

TRASTORNOS DE DESÁNIMO ENTRE 2009 Y 2018

Los pensamientos y comportamientos suicidas entre niños (menores de dieciocho años) aumentaron **287 %.**

El índice de **abuso de sustancias** registrado entre adultos de 55 a 74 aumentó **172 %.**

El **abuso de sustancias** entre infantes aumentó **114 %,** lo que está directamente relacionado con las adicciones entre madres jóvenes.

Según el estudio, «los diagnósticos de trastornos de desánimo se asociaron con puntajes significativamente más altos para condiciones coexistentes, tasas más elevadas de ansiedad y trastornos del estado de ánimo, y esquizofrenia tanto para hombres como para mujeres en todos los grupos de edades».[9]

Recuerde, todo fue antes de la pandemia de COVID-19. El amor se está drenando de nuestro mundo, y esa tendencia simplemente se acelerará a medida que nos acerquemos más y más al final de la historia.

El sendero de la bondad

Es difícil observar cómo el mundo se desconecta de Dios. El deslizamiento de la humanidad hacia la maldad y la falta de amor es doloroso. Sentimos un sobresalto cuando fuerzas externas corrompen las instituciones y costumbres que hemos apreciado durante mucho tiempo. La maldad parece estar profundizándose sobre nuestra cultura como el filo de la noche.

Pero no estamos indefensos. Somos «hijos de Dios en medio de una generación maligna y perversa, en medio de la cual ustedes resplandecen como luminares en el mundo, aferrados a la palabra de vida» (Filipenses 2:15-16).

En cuanto a mí, no estoy dispuesto a sentarme pasivamente mientras la humanidad les da la espalda a la justicia y la bondad de Dios. Sí, las orientaciones van en la dirección equivocada a medida que nos acercamos al mundo del fin, pero la iglesia todavía está en la tierra, ¡y aún podemos conseguir un efecto positivo!

Una de las mejores maneras en que podemos lograr esto es reavivar el concepto revolucionario llamado bondad, el cual en muchos sentidos es el antídoto de la maldad. Tenemos una capacidad limitada para controlar la maldad y la falta de amor en nuestra sociedad, pero podemos controlar la manera en que respondemos a esos factores. En concreto, podemos utilizar esas realidades como oportunidades para ofrecer bondad incluso cuando otros no la merecen; es más, ¡especialmente cuando no la merecen!

Al reflexionar en esto apunté tres formas específicas en que puedo mostrar bondad en una cultura de maldad, y me encantaría que usted se me uniera.

Adoptar la bondad de Dios

Antes de poder demostrar el amor y la bondad de Dios a cualquier persona en el mundo, debemos adoptar ese amor y esa bondad en nosotros mismos. Rich Mullins escribió en 1988 su más conocida canción de adoración, «Awesome God» [«Dios maravilloso»], y tristemente falleció en 1997 en un accidente de tráfico. Algunos años después, James Bryan Smith escribió un libro sobre la vida de Rich, en que muestra cómo Rich lamentó que su papá nunca le dijera las palabras «te amo».

Rich también luchó con sentimientos de inutilidad cuando era adolescente. Una vez oró: «Dios, ¿por qué soy tan anormal? [...] Me hubiera gustado ser un atleta o algo parecido. Por el contrario, soy músico. Todo el tiempo me siento como un afeminado. ¿Por qué no podría ser un chico normal?».[10]

A pesar de sus luchas, Rich asistía a la iglesia, leía su Biblia y empezó a escribir canciones de adoración. A lo largo del camino comenzó realmente a adoptar el amor de Dios. Se sorprendió al mirar la creación a su alrededor. Le asombró que Dios, en su amor, les diera cantos a las aves, majestad a las montañas y risa a los niños, todo ello para beneficio nuestro.

Rich se centró en Jesús. El hermano de Rich, David, dijo que Rich «siempre luchó con sentimientos de autoestima. Pero que encontró su valía en que Cristo murió por él».

Rich dijo una vez a la multitud en un concierto: «¡Si supieras cuán inmensamente te amó Dios! Dios ya te ha amado, ¡si tan solo lo supieras!».[11]

La madre de Rich, Neva, comentó más tarde: «Él sentía de veras el amor de Dios. Creo que como era un extraño adondequiera que iba, se apoyaba en Dios y se acercaba a él. No era un santo, pero era el sentido de ser amado por Dios lo que lo hacía alguien diferente».[12]

El biógrafo escribió: «Rich descubrió que el amor que Dios nos tiene no es una emoción, sino que en realidad es la esencia de quién es Dios. La muerte de Cristo es la señal indiscutible... que nos grita: "¡Dios te ama! ¡Dios te ama!"».[13]

Sé que muchas personas que leen estas palabras han sido impactadas por la vida. Al igual que Rich Mullins, no hemos recibido el amor humano que necesitamos. Tal vez nos han maltratado, descuidado o agredido. Todos lidiamos con problemas de autoestima, y quizás nos preguntamos en algún momento si Dios nos ama. Podríamos sentirnos solos.

¡Si tan solo supiéramos cuán loco de amor está Dios por nosotros! ¡Realmente nos ama! Es el hecho de que Dios nos ame lo que nos hace diferentes, y su amor no es una simple emoción. Es la esencia de quién es él.

Oh, que Dios nos ayude a «comprender con todos los santos cuál es la anchura, la longitud, la altura y la profundidad, y de conocer el amor de Cristo que sobrepasa el conocimiento, para que sean llenos hasta la medida de toda la plenitud de Dios» (Efesios 3:18-19, NBLA).

Las personas que poseen ese conocimiento están aisladas de los vientos gélidos que hacen que el amor cálido se convierta en hielo duro. Cuando adoptamos el amor de Dios a través de Cristo, nuestro propio amor no se enfriará.

Por eso Pablo les recordó a los primeros creyentes: «El amor de Dios ha sido derramado en nuestros corazones por el Espíritu Santo que nos fue dado» (Romanos 5:5). Y por eso es que Juan declaró: «Nosotros le amamos a él, porque él nos amó primero» (1 Juan 4:19).

En un nivel práctico, nuestro sentido del amor de Dios se profundiza a medida que pasamos tiempo con él. Yo he experimentado muchas cosas maravillosas a lo largo de mis décadas de servir a Dios. Pero el fundamento de esas experiencias no es nada más complicado que mi tiempo diario de silencio en su presencia. Estoy hablando de la oración, de estudiar su Palabra, de la adoración que es tanto en público como en privado. Estas son las formas que mantienen el amor de Dios hirviendo a fuego lento en nuestros corazones.

Es muy difícil que nuestro amor se enfríe cuando el amor ferviente de Dios corre por nuestras venas.

Expresar la bondad de Dios

Cuando adoptamos el amor de Dios, se vuelve natural expresar ese sentimiento. En muchos sentidos, la bondad es el amor de Dios expresado por medio de la acción. Y nada es más evidente en la Biblia que los mandatos de Dios de amar a este mundo en formas tangibles tales como proporcionar al sediento «un vaso de agua fría» en el nombre de Jesús (Mateo 10:42).

Los dirigentes de la iglesia Bear Creek Community en Lodi, California, se encargaron de esa misma tarea. Sintieron la carga de ayudar a proporcionar agua segura a lugares empobrecidos del mundo. El proyecto no estaba dentro del presupuesto de la iglesia, y muchas de las familias de la congregación ya estaban bajo presión económica. ¿Quién aceptó entonces el reto? ¡El ministerio de niños!

En California hay un fuerte énfasis en reciclar, y los niños comenzaron a recolectar botellas y latas para llevarlas a la iglesia. Otras congregaciones se unieron a la causa y, por difícil que sea de creer, ¡hasta ahora han recaudado casi un millón de dólares para proyectos de agua limpia alrededor del mundo!

El doctor Michael J. Mantel describió esta maravillosa noticia declarando: «Jesús convirtió el agua en vino. Los niños de Bear Creek convirtieron la basura en agua».[14]

Este no es un llamado para un grupo selecto de seguidores de Jesús, sino para todos los cristianos. La Biblia expresa: «Defended al débil y al huérfano; haced justicia al afligido y al menesteroso» (Salmos 82:3).

Y Proverbios 14:21 añade: «El que tiene misericordia de los pobres es bienaventurado».

Jesús declaró: «El que tiene dos túnicas, dé al que no tiene; y el que tiene qué comer, haga lo mismo» (Lucas 3:11).

Santiago dijo: «La religión pura y sin mácula delante de Dios el Padre es esta: Visitar a los huérfanos y a las viudas en sus tribulaciones» (1:27).

El apóstol Juan agregó: «Pero el que tiene bienes de este mundo y ve a su hermano tener necesidad, y cierra contra él su corazón, ¿cómo mora el amor de Dios en él?» (1 Juan 3:17).

Expresar la bondad de Dios significa cumplir estos mandamientos en formas pequeñas como rastrillar el patio de nuestro vecino o dar una propina muy generosa a un servidor necesitado. También podemos reflejar la bondad de Dios en formas mayores como cuidar a un padre anciano o ayudar a un amigo a superar una adicción. Por supuesto, hay toda una gama de opciones en el medio.

Lo importante es que *hagamos* algo. El amor de Dios no tiene que ver con pensamientos cálidos o buenos deseos. Se expresa por medio de la acción. A través de realmente ser bondadosos.

Al expresar el amor de Dios mediante nuestras actitudes y acciones diarias, mantendremos hirviendo el sentimiento. Lo mantendremos ferviente. Es difícil para el diablo soplar su aliento frío sobre un corazón impregnado con el amor de Dios por los necesitados.

He aquí algo más que debemos considerar: a veces aquellos con mayores necesidades son los más cercanos a nosotros.

Mary Daniels debió enfrentar la dura verdad de que su esposo, Steve, padecía de la enfermedad de Alzheimer. Ella le hizo una promesa sencilla: nunca lo dejaría solo. Siempre cuidaría de él.

Mary fue fiel a su promesa durante siete años. Permaneció al lado de Steve incluso cuando su condición empeoró y lo transfirieron a un centro de cuidados a largo plazo. Todas las noches, Mary se sentaba al lado de Steve y veían juntos una secuencia familiar de programas de televisión para ayudarle a concluir el día: el noticiero local a las seis, luego *Judge Judy* a las siete, seguido por *Family Feud* a las siete y media. Luego Steve se quedaba dormido.

Pero cuando llegó la pandemia de COVID-19, los centros de vida asistida fueron cerrados a los visitantes. Las conversaciones por FaceTime resultaron inútiles debido a las limitaciones de Steve con la tecnología. Cuando Mary trató de ver y consolar a su esposo a través del cristal de una ventana, él solo sollozaba desconsolado por no poder tomarle la mano.

¿La solución de Mary? Aceptó un empleo de tiempo parcial como lavaplatos en el centro de Steve. Trabajó en su primer turno el 3 de julio de 2020. Después de cinco horas lavando tazas, platos, sartenes y cubiertos, a Mary le permitieron ponerse una bata quirúrgica azul y hacer el recorrido conocido hasta la habitación de su esposo, donde retomaron su reconfortante rutina.

Pero la lucha de Mary no había terminado. Se enteró de que muchos residentes vulnerables estaban en desesperada necesidad. Mary comenzó a contar su historia, que se volvió viral. El gobernador de Florida, Ron DeSantis, la comisionó entre un grupo de siete personas para reunir familias de manera segura durante la pandemia.

Más tarde ella se unió a un grupo de trabajo federal para crear la ley de cuidadores esenciales con el fin de asegurar que a los miembros de las familias no los volvieran a separar durante una emergencia de salud pública.

John Rutherford, representante estadounidense de Jacksonville, Florida, dijo: «No recuerdo haber visto a una persona en particular que hiciera tanto impacto durante un tiempo tan largo. Hay que tener a esa campeona que levanta el estandarte, que lleva ese estandarte, y se dedica a luchar por esa causa y no la abandona. Esa era Mary».[15]

Ese es el espíritu que recomiendo que usted y yo tengamos al contemplar las tinieblas y la maldad del mundo del fin. Los que conocemos a Dios y hemos adoptado su amor debemos resistir el impulso de volvernos insensibles o complacientes. Debemos llevar el estandarte de Cristo. Debemos encarnar su bondad y mostrársela a otros en formas tangibles que suplan necesidades reales en el mundo actual.

Encarnar la bondad de Dios

¿Cómo derramar bondad en un mundo cada vez más definido por la maldad? En primer lugar, adoptando el amor de Dios para que nos llene todos los días. En segundo lugar, expresando intencionalmente ese amor a otros mediante acciones regulares. En tercer lugar, a medida que nos encontremos con el amor de Dios en mayor grado, recibiéndolo y dándolo, comenzaremos a personificar ese amor. Es decir, el amor de Dios se convertirá en parte de nuestra identidad.

Déjame decir esto de la manera más sencilla que puedo: no existe mejor solución para el mundo del fin que el hecho de que el pueblo de Dios encarne la bondad divina hacia un mundo en necesidad.

Un joven llamado Hunter Shamatt vislumbró esa solución después de volar a Las Vegas para asistir a la boda de su hermana. Al llegar al hotel se dio cuenta de que había perdido la billetera. Más que eso, había perdido sesenta dólares en efectivo, el cheque de pago por cuatrocientos dólares, la identificación y la tarjeta bancaria que estaban dentro de la billetera. El joven trató de poner buena cara durante los festejos para celebrar a su hermana, pero estaba devastado. Necesitaba ese dinero.

Entonces, para su gran sorpresa, al día siguiente de su regreso a casa, Hunter recibió un paquete. En el interior estaba su billetera, y dentro de ella se hallaba su tarjeta bancaria, su identificación, el cheque firmado de pago por cuatrocientos dólares... pero no los sesenta dólares, ¡sino cien dólares! También había una nota que decía:

> Hunter, encontré esto en un vuelo de Frontier desde Omaha hasta Denver, fila 12, asiento F metido entre el asiento y la pared. Pensé que lo querrías de vuelta. Te deseo lo mejor.
>
> P.S. He redondeado tu dinero en efectivo a cien dólares para que puedas celebrar la recuperación de tu billetera. ¡¡Diviértete!!

Tras leer la nota varias veces, Hunter quedó boquiabierto. Solo atinó a balbucear: «No puede ser. Esto es imposible. Simplemente no puede ser».[16]

Ese es un relato trivial al compararlo con el gran alcance de la historia, pero ofrece una imagen de lo que significa encarnar el amor de Dios. ¿Qué pasaría si usted y yo reflejáramos el amor de Dios hasta tal punto que el mundo que nos rodea se sintiera asombrado? ¿Incluso estupefacto? ¿Qué tal que ofreciéramos el amor de Dios con tanta generosidad y tal regularidad que la gente declarara: «No puede ser. Esto es imposible»? ¿Qué clase de diferencia podríamos establecer si lográramos ese nivel de bondad y amabilidad en un mundo al que la maldad lo aflige por todas partes?

Jesús nos dio otra imagen de lo que significa personificar el amor de Dios, y quiero presentarla guiándolo a usted en un pequeño ejercicio. Tome un momento para transportarse mentalmente al mundo antiguo de la época de Jesús. Es tarde en la noche. El sol se ha puesto, y lo último de su luz se está desvaneciendo en el cielo nocturno. Usted ha estado caminando por más de diez horas bajo el calor de ese sol, y no lamenta que se haya ido. Pero usted también está cansado, dolorido y hambriento.

Entonces usted la ve: una luz resplandeciente a la distancia. Al cabo de otros minutos de caminata esa luz se convierte en el acogedor resplandor de una ciudad construida junto al camino en el costado de una colina. La luz que usted ve no la producen cables y bombillas, sino fogones y lámparas de aceite que cuelgan en los marcos de las puertas. Hay personas en esa ciudad. Y agua para lavar la suciedad de sus pies. Además, una mesa en la cual reclinarse mientras usted consume la cena.

Como un viajero agotado, ¿puede usted imaginar algo más cálido y más maravilloso en ese momento? ¿Podría encontrar algo más acogedor y refrescante?

Esa es la imagen que Jesús utilizó para describir cómo su iglesia debe hacer brillar la luz del evangelio en medio de un mundo deprimente y sombrío: «Ustedes son la luz del mundo. Una ciudad asentada sobre un monte no puede esconderse. Nadie enciende una lámpara para esconderla bajo un cajón, sino que la pone en alto para que alumbre a todos los que están en la casa. ¡Así dejen ustedes brillar su luz ante toda la gente! ¡Que las buenas obras que ustedes realicen brillen de tal manera que la gente adore al Padre celestial!» (Mateo 5:14-16, NBV).

He aquí un sencillo principio: la luz brilla más en la oscuridad. Y en un mundo congelado por la maldad y la falta de amor, usted y yo tenemos la oportunidad de irradiar el calor radical del evangelio; el calor de la comunidad; el calor de la bondad; el calor de la comunión; el calor de la intimidad con nuestro Creador.

Aunque tenemos un control limitado sobre las inclinaciones generales de la maldad y la falta de amor en nuestra cultura, podemos controlar el modo en que respondemos personalmente a esas realidades. Podemos optar por mostrar perdón en lugar de amargura. Podemos optar por sanar en lugar de dañar, por ayudar en lugar de lastimar. Podemos escoger ser testigos acogedores cuando los demás practican el equivalente emocional del distanciamiento social.

En resumen, podemos ser bondadosos.

Jesús significa la diferencia

Es verdad que nuestro mundo ha perdido algo importante. Nos hemos alejado de la justicia y el amor de Dios. No solo nos hemos alejado, sino que hemos desertado. La humanidad está en el proceso de rechazar intencionalmente a su Creador, y el futuro puede parecer sombrío.

Pero usted y yo tenemos una oportunidad de capitalizar esas pérdidas. Podemos mostrarle al mundo lo que le falta. Podemos tomar partido por la bondad y la amabilidad, y hacer que regrese lo que se ha perdido, aunque solo sea por una temporada. Al hacerlo, podemos agregar ese pequeño regalo extra que es determinante: una porción extra del amor de Dios.

Permítame dar un ejemplo más de cómo solamente Jesús puede tratar con la maldad y la falta de amor en nuestra sociedad.

Budi Mulyadi creció en el sudeste asiático. Cuando tenía trece años tuvo una violenta discusión con su padre y escapó de casa. Pronto lo pusieron en un internado islámico, pero las reglas eran muy estrictas. Budi volvió a escapar.

Allí es cuando conoció a un extremista islámico que le prometió una nueva vida. El hombre llevó a Budi a un gran complejo de entrenamiento donde, con otros veinte chicos, dormía en tiendas durante la noche y entrenaba con cuchillos y pistolas durante el día. A estos muchachos les enseñaron a odiar y matar a los cristianos.

Budi confesó: «Nos dijeron que los cristianos eran infieles, que si los matábamos entonces tendríamos un boleto gratis para ir al cielo».

Mientras Budi más entrenaba, más odio sentía. El sentimiento se apoderó de él como un diluvio, y lo expresaba con su pistola de 9mm. Pasaba horas disparando a blancos mientras su instructor gritaba improperios contra los seguidores de Jesús. Pero entonces, cuando llegó el momento de buscar un cristiano para matarlo, Budi simplemente no pudo hacerlo. Él y otros cuatro chicos desertaron.

Budi regresó a casa, pero la ira de su padre lo alejó de nuevo. El joven encontró un trabajo recortando setos. En la noche comenzó a leer el Corán, que es donde vio por primera vez el nombre Jesús. Intrigado, Budi agarró una Biblia y empezó a leerla. Una noche, a solas en su habitación, escuchó una voz que le decía: «Te enviaré un Consolador».

Budi no podía encontrarle sentido a esa frase, hasta que se topó con Juan 14:16: «Yo rogaré al Padre, y os dará otro Consolador, para que esté con vosotros para siempre».

En ese momento, Budi confió en Jesús como su Salvador.

Más tarde comentó: «Mi comportamiento entero ha cambiado, y Dios ha llenado mi corazón con amor. Ya no estoy enojado con las personas. Mi mal genio desapareció. Ya no me enfado con la gente como solía hacerlo. Puesto que Dios me ama, soy capaz de amar a los demás».

Hoy día Budi predica el evangelio en decenas de aldeas, y de vez en cuando se reúne con los otros cuatro muchachos que desertaron del campo de entrenamiento terrorista. De alguna manera por la gracia de Dios, ¡todos los cinco son pastores cristianos![17]

La ruptura de la ley y el orden es como un viento mortal que sopla a través de nuestra nación y el mundo, enfriando el amor de muchas personas, de la mayoría de ellas. Pero el fuego del amor de Dios nos mantiene calurosos y apasionados por Cristo mientras esperamos su regreso.

Usted y yo podemos marcar una diferencia en el mundo del fin, y podemos cambiar las cosas en la vida de alguien. Al hacerlo podemos lograr lo que consiguieron los primeros cristianos: poner el mundo al revés.

¿Cómo? ¡Decidiendo *ser bondadosos*!

Diez versículos para ayudarnos a *ser fieles*

«El odio despierta rencillas; pero el amor cubrirá todas las faltas» (Proverbios 10:12).

«Jesús le dijo: Amarás al Señor tu Dios con todo tu corazón, y con toda tu alma, y con toda tu mente. Este es el primero y grande mandamiento. Y el segundo es semejante: Amarás a tu prójimo como a ti mismo. De estos dos mandamientos depende toda la ley y los profetas» (Mateo 22:37-40).

«Amad, pues, a vuestros enemigos, y haced bien, y prestad, no esperando de ello nada; y será vuestro galardón grande, y seréis hijos del Altísimo; porque él es benigno para con los ingratos y malos» (Lucas 6:35).

«Un mandamiento nuevo os doy: Que os améis unos a otros; como yo os he amado, que también os améis unos a otros. En esto conocerán todos que sois mis discípulos, si tuviereis amor los unos con los otros» (Juan 13:34-35).

«No debáis a nadie nada, sino el amaros unos a otros; porque el que ama al prójimo, ha cumplido la ley» (Romanos 13:8).

«El amor es sufrido [...]El amor nunca deja de ser» (1 Corintios 13:4, 8).

«Velad, estad firmes en la fe; portaos varonilmente, y esforzaos. Todas vuestras cosas sean hechas con amor» (1 Corintios 16:13-14).

«Vestíos, pues, como escogidos de Dios, santos y amados, de entrañable misericordia, de benignidad, de humildad, de mansedumbre, de paciencia» (Colosenses 3:12).

«Habiendo purificado vuestras almas por la obediencia a la verdad, mediante el Espíritu, para el amor fraternal no fingido, amaos unos a otros entrañablemente, de corazón puro» (1 Pedro 1:22).

«Amados, amémonos unos a otros; porque el amor es de Dios. Todo aquel que ama, es nacido de Dios, y conoce a Dios» (1 Juan 4:7).

Capítulo 8

EN UN MUNDO DE MALAS NOTICIAS, *SEAMOS LAS BUENAS NUEVAS*

Y será predicado este evangelio del reino en todo el mundo, para testimonio a todas las naciones; y entonces vendrá el fin.

MATEO 24:14

En julio de 1986, miles de hombres y mujeres de países en desarrollo abordaron aviones, muchos por primera vez en su vida. Se registraron en hoteles y descubrieron algo que nunca antes habían visto: agua por medio de tuberías internas. Se les llamó «evangelistas descalzos», hombres y mujeres con poca educación o preparación que se abrían paso a machetazos en las selvas, vadeaban ríos, soportaban rechazos y llevaban las buenas nuevas a chozas y aldeas en naciones remotas de todo el mundo.[1]

El evangelista Billy Graham recaudó millones de dólares para llevar a ocho mil de estos predicadores locales a la capital holandesa con el fin de que recibieran preparación y estímulo durante varios días. Nunca en la historia de la iglesia se había producido una reunión de esta magnitud, con representantes de ciento ochenta naciones.

En uno de sus sermones esa semana, Graham declaró: «La evangelización bíblica predica solo a Cristo como el Salvador de los seres humanos. Pablo les dijo a los corintios: "me propuse no saber entre vosotros cosa alguna sino a Jesucristo, y a este crucificado" (1 Corintios 2:2). Solo Jesús es el camino a Dios. Aparte de él estamos espiritualmente muertos y perdidos. Por su muerte y resurrección, Jesucristo se convirtió en el evangelio. ¡Jesucristo es el evangelio!».[2]

Sentado y prestando mucha atención estaba un particular evangelista descalzo llamado Joseph, un guerrero convertido de la tribu masái de África Central. Durante la conferencia pidió ver a Billy Graham. Por motivos logísticos, muy pocos participantes pudieron reunirse en privado con Graham, pero a Joseph se le concedieron algunos minutos para que contara su historia.

Siendo joven, Joseph escuchó el evangelio en un camino africano polvoriento, y respondió al instante confiando en Jesús como su Salvador. Pronto anheló regresar a su aldea nativa y comunicar las buenas nuevas del reino de los cielos. Fue de puerta en puerta, contándoles a otros lo que le había sucedido. Esperaba que los rostros de los demás se iluminaran. Pero, por el contrario, se llenaron de ira.

Los hombres de la aldea agarraron a Joseph y lo sujetaron contra el suelo mientras las mujeres lo azotaban brutalmente con alambre de púas. Tras la paliza, lo llevaron a rastras hasta los arbustos y lo dejaron allí para que muriera.

Joseph se arrastró hasta un pozo de agua, pasó varios días recuperándose, y concluyó que había omitido algo de la historia o que había comunicado incorrectamente el mensaje. Ensayó su testimonio, oró y regresó cojeando a la aldea para tratar de nuevo, diciendo:

«Jesús murió por ustedes, para que reciban perdón y lleguen a conocer al Dios vivo».

Recibió otra flagelación.

Se recuperó un poco, regresó y fue azotado por tercera vez, y el alambre de púas le cortó las viejas heridas. Pero esta vez, una de las mujeres que lo golpeaban empezó a llorar. Mientras caía inconsciente, Joseph vio que otras también comenzaban a llorar. Despertó en su propia cama, y vio a las que lo atormentaban intentando salvarle la vida. Como resultado de su paciente testimonio, toda la aldea llegó a Cristo.

Joseph se levantó luego la camisa para mostrar al doctor Graham las cicatrices que le marcaban el pecho y la espalda. Después que salió, el famoso evangelista solo pudo expresar: «No soy digno de desatarle los zapatos, ¿y es él quien quería conocerme?».[3]

¿Se ha considerado usted alguna vez un evangelista descalzo, alguien que puede comunicar el evangelio en cualquier momento y lugar, sea cual sea su nivel de formación o educación, y sin importar la respuesta que reciba? ¡Eso es lo que usted es! El mundo está lleno de aquellos que queremos contar a otros lo que Jesús ha hecho por nosotros, y esa realidad refleja otra profecía cumplida de Jesús en el Discurso del Monte de los Olivos.

Es sorprendente que, en uno de los últimos días de su vida natural, Jesús predijera un tiempo en que el evangelio del reino se predicaría hasta lo último de la tierra, anunciando la proximidad de su regreso. Nadie en aquellos días podría haberlo imaginado. Jesús de Nazaret era un predicador rural en las montañas rurales de Galilea. Encontró mucho escepticismo en las raras ocasiones que llegó a Jerusalén para las fiestas judías. Jesús hablaba en parábolas y mediante enseñanzas pastorales sencillas, y pocas personas fuera de los círculos del Maestro lo conocían.

Sin embargo, al hablar en privado con sus discípulos poco antes de su brutal muerte, Jesús profetizó que un día su mensaje único llegaría a los rincones más apartados del mundo. Llegaría hasta los confines de la tierra, y dijo que cuando esto ocurriera, el mundo estaría cerca de su fin.

De todas las profecías que hemos estudiado hasta ahora en Mateo 24, esta es la más improbable. Podríamos imaginar la continuación de guerras o pestes, que los engañadores vinieran y se fueran. No obstante, ¿quién podría imaginar que las palabras de un rabino rural de Galilea transformarían la historia de la humanidad, repercutirían en cada generación posterior y cambiarían vidas dos mil años después, de la misma manera en que los discípulos lo comprobaron en su propio tiempo?

¡Esta es la predicción positiva de nuestro Señor! Hasta ahora hemos visto muchos pronósticos sombríos en el Discurso del Monte de los Olivos. Pero durante todos esos días difíciles del final de la historia, algo será imparable: la propagación incesante del evangelio de Jesucristo, en toda generación, en todo continente, a través de toda dificultad. Como un rayo de luz en medio de la tenebrosa noche, las buenas nuevas traerán al mundo su única esperanza. El mensaje de Jesús crucificado y resucitado resonará a través de todas las turbulencias del tiempo y anunciará su pronto regreso.

En Mateo 24:14, Jesús profetizó: «Será predicado este evangelio del reino en todo el mundo, para testimonio a todas las naciones; y entonces vendrá el fin».

El mensaje imparable del evangelio: hasta el fin de los tiempos

Empecemos con la palabra *evangelio*. El término griego es *evangelion*. Inmediatamente podemos ver que de ahí obtenemos la palabra *evangelización*. Pero veamos más de cerca. Notemos las letras del medio:

ev-angel-*ion*. ¿Qué está haciendo un ángel en medio del evangelio? Pues bien, la palabra *ángel* literalmente significa «mensajero». El prefijo griego *ev* significa «bueno». Por tanto, la palabra *evangelio* literalmente significa «buen mensaje» o «buenas nuevas».

Esta palabra aparece por primera vez en la Biblia al principio del ministerio de Jesús. Mateo 4:23 enseña: «Recorrió Jesús toda Galilea, enseñando en las sinagogas de ellos, y predicando el evangelio del reino, y sanando toda enfermedad y toda dolencia en el pueblo».

El evangelio es el conjunto de hechos históricos relacionados con la vida, muerte y resurrección de Jesucristo. Incluye las repercusiones eternas de estos hechos para aquellos que ponen su fe en Cristo, entrando en una relación viva con Dios, por gracia y mediante la fe. Solo Cristo nos ofrece perdón del pecado y vida eterna.

Efesios 1:13 declara: «En [Cristo] también vosotros, habiendo oído la palabra de verdad, [las buenas nuevas] de vuestra salvación».

La palabra *buenas* parece la mayor sutileza del mundo. A nuestra cultura le encantan los términos superlativos como *extraordinario, asombroso* y *espectacular*. Para nosotros, *buenas* está muy abajo en esa lista de adjetivos. Pero la Biblia usa la palabra *buenas* como una cualidad moral de Dios y una forma para describir la naturaleza de las dádivas que nos ha concedido. En el vocabulario divino, lo *bueno* va mucho más allá de lo extraordinario, asombroso y espectacular. Este podría ser el adjetivo más exaltado de Dios. Podemos meter todos los superlativos que queramos en esas seis letras (B-U-E-N-A-S), y todavía quedará toda una eternidad de espacio.

El evangelio fue sellado y establecido por la sangre de Jesús derramada en el Calvario y su gloriosa resurrección. El evangelista D. L. Moody manifestó: «La verdad más solemne en el evangelio es que lo único que Cristo dejó aquí es su sangre».[4] Cuando recibimos este mensaje con fe sencilla y confesamos a Cristo como Señor de nuestras vidas, nos convertimos en recipientes vivos y personificaciones de las buenas nuevas. En otras palabras, le decimos sí a Jesús.

Le hablaré ahora de la ocasión en que No dijo sí.

Andrew Lo es el pseudónimo de un plantador de iglesias que trabaja en medio del peligro en una nación fuertemente restringida. Un día Andrew se aventuró a entrar a una aldea y trató de dar a conocer el evangelio. Solo un hombre escuchó, y se convirtió en forma extraordinaria. Irónicamente, este hombre se llamaba No. Pero No dijo sí. Con el tiempo, su esposa y sus padres también entregaron sus vidas a Cristo, y ahora una pequeña iglesia existe en una tierra espiritualmente seca, todo porque Lo le predicó a No, y No dijo sí.[5]

No puedo dejar de hacer aquí una pausa y preguntar: ¿le ha dicho usted sí a Cristo? Todo en la vida y la eternidad depende de eso. Romanos 1:16 dice: «No me avergüenzo del evangelio, porque es poder de Dios para salvación a todo aquel que cree».

De vuelta a Mateo 24:14, hay algo más que debemos observar. El versículo proclama: «Será predicado este evangelio del reino».

¿Por qué se le llamó el «evangelio del reino»? La respuesta puede parecer complicada, pero la mantendré sencilla. La palabra *reino* es la abreviatura del «dominio del rey». Con una sola excepción, cada vez que Mateo usó la palabra *evangelio*, la formuló en la frase «evangelio del reino».

Hay una famosa frase teológica que afirma que el reino de nuestro Señor es «ya pero no todavía». Cuando Jesús vino a nuestro mundo por primera vez, plantó el reino de creyentes en este planeta, infiltrándose en las naciones y poniendo los cimientos de su iglesia. Colosenses 1:13 asevera que el Padre «nos ha librado de la potestad de las tinieblas, y trasladado al reino de su amado Hijo». Cuando Cristo regrese, establecerá su reino teocrático en Israel y reinará desde allí durante mil años.

Así que, en cierto sentido, el reino de Jesús ya está aquí. En otro sentido, aún debe establecerse; es decir, «ya pero no todavía».

En la versión de Marcos del Discurso del Monte de los Olivos, se registra que Jesús simplemente dijo: «Es necesario que el evangelio sea predicado antes a todas las naciones» (13:10). Ese es el punto clave. Tanto el reino actual de la era de la iglesia como el reino venidero de la era milenial surgen de los hechos históricos de la muerte y resurrección de Jesús. El mismo evangelio que nos convierte a usted y a mí en miembros instantáneos del reino celestial de Dios ahora mismo será la planta de energía que le permitirá a Cristo gobernar el mundo después de su regreso a la tierra.

A medida que estudiamos Mateo 24:14 en este capítulo, veremos cómo esto funciona como algo de doble cumplimiento.

El imparable mensaje del evangelio antes del arrebatamiento

Los primeros versículos del Discurso del Monte de los Olivos conllevan un toque de «ya pero no todavía». Describen los días previos al arrebatamiento de la iglesia. Luego retroceden y nos llevan a través de la misma secuencia general de acontecimientos durante la primera mitad de la tribulación con un nivel más profundo de juicio y angustia.

En cierto nivel, el Señor Jesús estaba prediciendo el deterioro de los acontecimientos mundiales durante las épocas que llevan a su regreso en las nubes por su pueblo. Estos son los tiempos que ahora mismo experimentamos. Habrá un incremento del peligro de engañadores, guerras, conflictos internacionales, hambre, pandemias y desastres naturales. La persecución aumentará en todo el mundo, y el amor se desvanecerá como una fuerza unificadora.

La única tendencia positiva entre estas señales son las buenas nuevas: «Será predicado este evangelio del reino en todo el mundo, para testimonio a todas las naciones; y entonces vendrá el fin» (Mateo 24:14).

¿El fin de qué?

El fin de la era de la iglesia. La presencia de la iglesia habitada por el Espíritu será quitada de este planeta en un instante. Las tumbas se convertirán en plataformas de lanzamiento. Los creyentes volarán a las nubes para ser instantáneamente transformados con cuerpos glorificados.

Según he dicho, nadie que viera al nazareno ese día en los Olivos pudo haber imaginado que esta predicción se hiciera realidad. Sin embargo, Jesús repitió su afirmación en Hechos 1:8, cuando les dijo a sus discípulos: «Recibiréis poder, cuando haya venido sobre vosotros el Espíritu Santo, y me seréis testigos en Jerusalén, en toda Judea, en Samaria, y hasta lo último de la tierra».

Poco después, el Día de Pentecostés, tres mil personas confesaron a Cristo en Jerusalén y fueron bautizadas (Hechos 2:41). Muchas de ellas fueron a casa desde la fiesta de Pentecostés, llevando el mensaje de Jesús a provincias, ciudades, pueblos e islas por todo el Imperio romano. Pronto la cantidad de creyentes alcanzó los cinco mil (4:4). Los discípulos empezaron a multiplicarse en forma exponencial (6:1), y la cantidad de iglesias también se multiplicó (9:31).

Desde Antioquía, se comisionó a Bernabé y Pablo, los primeros misioneros enviados por la iglesia, y comenzó la era de misiones organizadas (Hechos 13). A inicios del año 300, el evangelio había reformado al Imperio romano. Cada generación de cristianos ha extendido las buenas nuevas a quienes los rodean. Sí, ha habido algunos gigantes en la lista de misioneros y evangelistas: Patrick, Wesley, Carey, Moody, Graham. Pero la mayor parte de la obra la han logrado evangelistas descalzos, personas como usted y yo que contamos nuestros testimonios en la misma forma que los marineros cuentan las historias de sus rescates de náufragos.

¿Dónde estamos hoy día en la evangelización mundial? El Proyecto Josué hace un seguimiento cuidadoso de lo que Dios está haciendo en la tierra. Según su investigación, en el planeta hay 17.427 grupos de personas, y poco más de diez mil de ellos han sido alcanzados con el evangelio. Todavía hay 7.414 grupos que necesitan el evangelio, y muchos de ellos están en naciones muy restringidas.[6] Esa es la mala noticia.

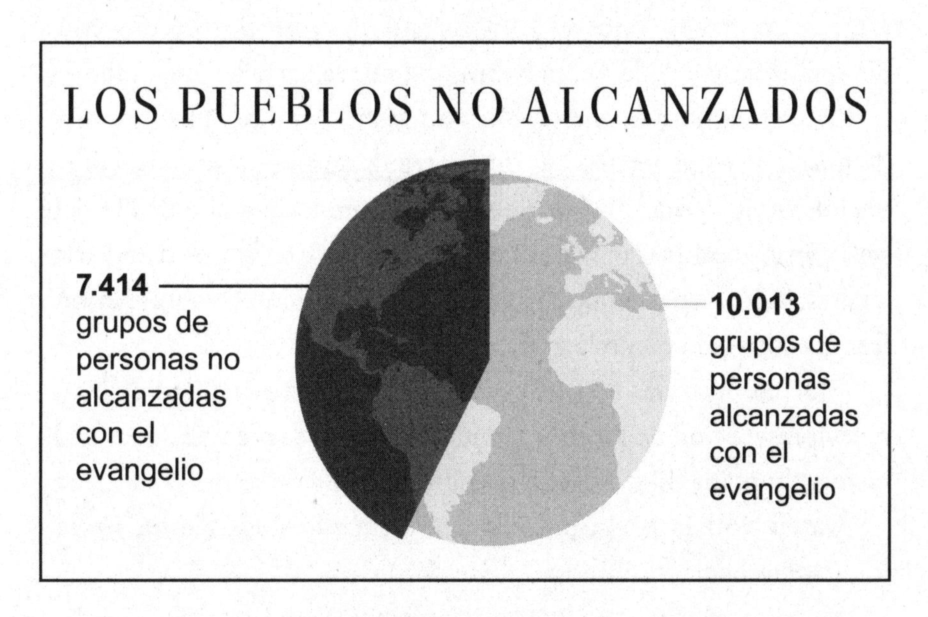

La buena noticia es que hoy día estamos empezando a penetrar hasta las barreras más difíciles por medio de nuevas tecnologías. La Internet es fundamental, desde luego. Pero los métodos más económicos para establecer programas de radio y televisión vía satélite también han permitido a los predicadores entrar directamente a los hogares de aquellos interesados en aprender más acerca de Cristo, incluso cuando esos hogares se encuentran en naciones activamente hostiles al evangelio.

Podemos ver el cumplimiento de la profecía de Jesús en tiempo real: el evangelio se está predicando en todo el mundo como testimonio a todas las naciones y todos los pueblos. Cuando ese proceso se complete, el escenario estará listo para el fin.

El imparable mensaje del evangelio después del arrebatamiento

Como dije antes, los acontecimientos profetizados en Mateo 24:1-14 se repetirán después del arrebatamiento de la iglesia, esta vez en mayor cantidad e intensidad. Después que los creyentes desaparezcamos de la tierra habrá una nueva serie de engañadores, incluido el hombre de maldad (el anticristo), y un tiempo sin precedentes de guerras y rumores de guerra. Nación se levantará contra nación y reino contra reino. Según vemos en la apertura de los siete sellos en Apocalipsis 6, habrá hambres, pestes y terremotos en varios lugares, todo lo cual conducirá a la mitad de la tribulación y al período terrible conocido como la gran tribulación.

Muchas personas no comprenden que la primera mitad de la tribulación será uno de los más grandes despertares evangelísticos en la historia humana. El evangelio será imparable.

Usted podría preguntar: *Si se ha sacado a la iglesia, ¿quién irá a evangelizar?*

En primer lugar, creo que las tribulaciones de esos días llevarán a muchas personas a buscar los miles de millones de Biblias y Nuevos Testamentos que habrán quedado, junto con toda clase de libros cristianos, además de grabaciones y literatura cristiana.

Quizás la más grande distribución de Biblias en la historia ocurrió durante la Primera Guerra Mundial, con muchas sociedades bíblicas imprimiendo Nuevos Testamentos y poniéndolos en las manos de millones de soldados. Un informe decía: «Cuando los soldados estaban muy mal heridos solían sacar de sus bolsillos el Nuevo Testamento y leerlo mientras morían. Este es un fenómeno que fue registrado cuando recuperaban los cadáveres y enterraban a los soldados que resultaron muertos el 1 de julio de 1916 (el primer día de la Batalla del Somme), pues a muchos de ellos los encontraban muertos con la Biblia o el Nuevo Testamento en sus manos».[7]

¿Podría ser esto un anticipo de la tribulación?

En segundo lugar, el Señor va a comisionar a ciento cuarenta y cuatro mil evangelistas judíos para que extiendan el evangelio con el celo del apóstol Pablo hasta lo último de la tierra (Apocalipsis 7:1-4, 7-8). Todos los convertidos bajo sus ministerios también alcanzarán a otros seres humanos, y muchos de ellos serán martirizados (vv. 9-17). No olvide además a los dos superevangelistas que el Señor colocará en Jerusalén, que se describen en Apocalipsis 11.

Sé que usted y yo estamos orando para que otro gran despertar transforme nuestras naciones y nuestro mundo. Dios ha enviado enormes avivamientos en el pasado. Tal vez pronto nos envíe uno más. Pero ya sea que veamos un avivamiento global o no, seremos fieles a la cruz de Cristo hasta el mismo fin de la era. Podemos estar seguros de que vendrá otro despertar antes del regreso definitivo de Cristo, aunque este ocurra en tiempos de la tribulación y aunque suceda después de que la iglesia haya desaparecido.

El evangelio del reino será predicado en todo el mundo, y entonces vendrá el fin.

Los imparables mensajeros del evangelio: hasta lo último de la tierra

El imparable mensaje del evangelio será, y está siendo, difundido por imparables mensajeros. En nuestra generación somos usted y yo, llevando el evangelio hasta lo último de la tierra.

Un artículo publicado recientemente en *Christianity Today* comentó cómo los cristianos de Azerbaiyán, nación de mayoría musulmana, ven difundirse el evangelio en su tierra. Emil Panahov, un plantador de iglesias, creció en una familia musulmana. Su padre era comunista. Emil llegó a Cristo a los doce años de edad gracias a los esfuerzos de una iglesia bautista local, pero se convirtió en bailarín y fue cautivado por el espectáculo. En 2007, a Emil se le desgarró el menisco, y los médicos le dijeron que nunca volvería a danzar.

Ahí fue cuando Emil redescubrió a Cristo y plantó una iglesia. Recuperó su habilidad atlética y comenzó a usarla con propósitos evangelísticos. Durante la pandemia, su iglesia bautizó a sesenta y cuatro nuevos creyentes, una cifra notable para esa nación. El gobierno ha relajado un poco las restricciones, y Emil ora por un avivamiento masivo en su país natal. Ahora mismo, 4 % de los azerbaiyanos se consideran cristianos. Emil ora para que llegue el día en que el otro 96 % siga a Cristo![8]

¿Imposible? Humanamente hablando, parecería que sí. Pero Jesús predijo que sus seguidores serían imparables en llevar su evangelio al mundo. Así declaró: «He aquí os digo: Alzad vuestros ojos y mirad los campos, porque ya están blancos para la siega» (Juan 4:35). También dijo: «Edificaré mi iglesia; y las puertas del Hades no prevalecerán contra ella» (Mateo 16:18).

Cuando Garrett Kell era estudiante de tercer año en Virginia Tech desarrolló una extraña sensación de que Dios lo estaba persiguiendo. El sobresalto comenzó en una fiesta de Halloween que organizó en su apartamento. Él tenía veinte años de edad, tenía tres compañeras de vivienda, convivía con una novia, y contaba con un suministro constante de marihuana, cocaína y alcohol. Uno de los asistentes a la fiesta era un amigo del instituto llamado Dave. Cuando Garrett le ofreció chicas y porros, Dave cerró la puerta, lo miró con sinceridad y le dijo que ya no participaba en esas cosas. Se había convertido en seguidor de Cristo, y había asistido a la fiesta solo para pedirle a Garrett que hiciera lo mismo.

Garrett no tenía intenciones de aceptar el ofrecimiento de Dave, pero desde ese momento se sintió perseguido. Durante las semanas siguientes fue atraído hacia su Biblia como una polilla hacia la llama.[9]

Cuando llegaron las vacaciones de primavera, Adam, compañero de Garrett, sugirió que fueran a Panama City, Florida. En el camino, Garrett le confesó a Adam que sentía que Dios lo perseguía adondequiera que iba. Cuando se acercaban a la playa, un avión voló sobre su automóvil, jalando una pancarta con el mensaje: «Jesús te ama (Juan 3:16)».

Mientras extendían sus sillas de jardín sobre la arena y abrían sus cervezas, un pequeño grupo de estudiantes se acercó, les ofrecieron panfletos y les dijeron que Dios tenía un plan maravilloso para las vidas de los dos jóvenes. Esa noche, al salir de un club nocturno, tres camionetas se detuvieron, cada una con un letrero que decía: «¡Dios te ama! ¡Cree en el evangelio! ¡Jesús salva!». Se trataba de un equipo que ofrecía llevar gratis a los visitantes ebrios.

Al día siguiente llovía, así que Garrett y Adam fueron a un restaurante y devoraron waffles. De pronto se abrieron las puertas y un grupo como de treinta personas entró riendo, hablando y portando Biblias. Una de esas personas se acercó a Garrett y se ofreció a compartirle un estudio bíblico.

Al día siguiente, Garrett dio un paseo por la playa y vio a una chica sentada sola. Se le acercó y le preguntó si se había metido al agua. Cuando ella contestó que estaba demasiado fría, Garrett mencionó que él tendría que tomarse unas cervezas antes de desafiar el frío. Mirándolo a los ojos, la joven contestó: «Eso no lo sé, pero a mí Dios me ha enseñado que Jesús es todo lo que necesito para ser feliz».

Cuando Garrett regresó al hotel, una mujer en silla de ruedas le hizo señas. Su nombre era Stacy James, y le preguntó qué sabía acerca de Jesús.

Parece una conspiración, ¿verdad? Pero Garrett sabía la verdad. El Señor estaba siguiéndolo y persiguiéndolo como el sabueso del cielo. Hoy día Garrett Kell es el pastor principal de una iglesia en las afueras de Washington, D. C. Hace poco escribió: «No subestime la importancia de esparcir la semilla del evangelio adondequiera que vaya. Sea que se encuentre en un avión, en una playa, en un restaurante, llevando borrachos a casa, o haciendo una vida normal, Dios está en la obra de llamar a sus ovejas perdidas, y lo está usando a usted para llevarla a cabo».[10]

¿De qué manera nos usa el Señor? ¿Qué podemos hacer usted y yo para difundir el evangelio del reino en estos últimos días? Le daré tres maneras imparables de comunicar las incontenibles buenas nuevas.

Con el ejemplo

Nuestro testimonio más básico tiene que ver con nuestras vidas: exhibir a diario un estilo bíblico de vida en esta era impía. Eso requiere caminar constantemente con el Señor, un deseo de santidad personal, una actitud creciente de ser semejantes a Cristo y una carga por amar a los demás y suplirles sus necesidades en el nombre de Cristo.

Recuerde la ilustración de Jesús que exploramos en el capítulo anterior: «Ustedes son la luz del mundo. Una ciudad asentada sobre un monte no puede esconderse. Nadie enciende una lámpara para esconderla bajo un cajón, sino que la pone en alto para que alumbre a todos los que están en la casa. ¡Así dejen ustedes brillar su luz ante toda la gente! ¡Que las buenas obras que ustedes realicen brillen de tal manera que la gente adore al Padre celestial!» (Mateo 5:14-16, NBV).

Bob Griffin fue un legendario piloto misionero, uno de los primeros. Mientras vivía en Ecuador se hizo amigo de un líder militar llamado mayor Riofrío. Pero Bob no lograba hablarle mucho de su fe en Cristo. Cada vez que lo intentaba, el mayor tenía una manera de levantar la mano para detener la conversación. Sin embargo, Bob siguió exhibiendo a Cristo e incluso voló en misiones de emergencia para el mayor con el fin de evitar el hambre entre las tropas ecuatorianas apostadas en regiones remotas.

Un día el mayor Riofrío le contó a Bob que lo iban a transferir a otro lugar. Aunque podía tomar un avión militar, le pidió a Bob que lo llevara a Quito en la pequeña avioneta misionera. Sorprendido, Bob aceptó hacerlo.

Durante el vuelo, el mayor Riofrío se volvió a Bob y le dijo: «Me gustaría saber qué es lo que te motiva». El hombre pasó a explicar su pregunta: «Sé que podrías quedarte en los EE. UU. y ganar mucho dinero volando para líneas aéreas o haciendo algún otro trabajo. ¿Por qué te empobreces tú mismo viniendo aquí a la selva para ayudarnos?».

Por sobre el rugido del motor, Bob pasó los quince minutos siguientes explicando el poder del evangelio: que debido a lo que Jesús hizo por nosotros, estamos motivados a compartir su amor con los demás. Le contó al mayor cómo había aceptado el regalo de vida eterna a través de Jesucristo, y luego le mostró algunos versículos de la Biblia en español que siempre llevaba en el avión.

El mayor Riofrío agarró el brazo de Bob con ambas manos y, con lágrimas en los ojos, exclamó: «Mi amigo, ¡eso es lo que quiero!». Allí mismo, sobrevolando los Andes nevados, el mayor Riofrío oró con sinceridad, pidiendo a Jesús que se convirtiera en su Salvador y Señor.[11]

Así que, permítame preguntarle: ¿qué es lo que lo motiva? ¿Muestra su vida a Jesucristo de tal manera que otros puedan ver el evangelio en usted, en sus actitudes, en sus actividades, en su comportamiento, en su integridad y en su amor?

El apóstol Pedro mostró dos aspectos interesantes acerca de esto en 1 Pedro 3. En el versículo 1 les dijo a las esposas de maridos incrédulos que vivieran en forma tan humilde y feliz que «si algunos de ellos no creen en la palabra, puedan ser ganados por el comportamiento de ustedes más que sus palabras».

Y en los versículos 15-16 escribió: «Santificad a Dios el Señor en vuestros corazones, y estad siempre preparados para presentar defensa con mansedumbre y reverencia ante todo el que os demande razón de la esperanza que hay en vosotros; teniendo buena conciencia, para que en lo que murmuran de vosotros como de malhechores, sean avergonzados los que calumnian vuestra buena conducta en Cristo».

Vivamos de tal manera que reflejemos el poder del evangelio, y estemos siempre listos para comunicar su mensaje cuando se presenten las oportunidades. Esos son dos principios sencillos que tienen impacto eterno.

Podemos aplicar tales principios dondequiera que estemos. Eddie Taubensee es un exreceptor de las Grandes Ligas de Béisbol que todavía entrena e instruye a los jugadores. Esto le da un espacio para mostrar a Cristo a los jugadores.

Eddie dijo: «El entrenamiento y mi fe van de la mano. Todo acerca de mi fe cristiana es pensar en otros más que en mí mismo y servirles, y eso es exactamente lo que hago como entrenador. Estoy al lado de estos jugadores, haciendo todo lo posible para convertirlos en los mejores jugadores que pueden ser y llevarlos al siguiente nivel».[12]

Realmente es tan sencillo como eso. Cuando buscamos oportunidades y pensamos en otros más que en nosotros mismos, el Señor nos permite acercarnos a los demás e influir en ellos.

Con palabras

En algún momento al compartir nuestra fe son necesarias las palabras. Pueden ser expresadas, impresas o enviadas como mensajes de texto, pero las personas necesitan recibir información vital que a menudo no pueden encontrar por sí mismas. Dios ha revelado su mensaje en las Escrituras: que nos ama, que nuestra relación con él está rota, que Cristo murió por nuestros pecados y resucitó de la tumba, y que debemos arrepentirnos de nuestros pecados y confiar en sus buenas nuevas de salvación.

Tarde o temprano debemos comunicar estas verdades a los demás. Por eso es que la Biblia declara: «Haz el trabajo de un evangelista» (2 Timoteo 4:5, NBLA). ¿Recordamos la palabra griega, *evangelion?* ¿La palabra con un ángel en medio de ella, que significa «mensajero»? La Biblia nos dice que seamos mensajeros de las buenas nuevas. Todos los días. Todo el tiempo.

Hacerlo no requiere un título teológico. Solamente una disposición dispuesta a compartir nuestra fe.

Tom Chandler creció en una granja de cerdos, y su familia siempre fue muy solitaria. Antes de ir a la universidad, nunca había visitado una tienda de comestibles, y solo había estado en un restaurante cuando viajaba con su equipo deportivo de su colegio. También tenía dislexia aguda, con un leve impedimento del habla. Además, el joven lidiaba con la timidez. Pero era un gran jugador de baloncesto, y durante su último año de colegio se enteró de que le habían ofrecido una beca en LeTourneau University.

Poco después de llegar al recinto universitario, un grupo de muchachos lo invitó a una reunión de Juventud Para Cristo. Tom nunca había asistido a la iglesia, nunca. Antes de salir del dormitorio, los muchachos formaron un círculo y dijeron: «Oremos». Tom no tenía idea de cómo orar, y mientras un chico tras otro oraba, él se llenó de pánico. Cuando le llegó su turno, recordó la placa del Padrenuestro en la casa de la granja de su abuela alemana, pero no logró recordar las palabras. Entonces dijo: «¡Padre nuestro, amén!».

Tom se sintió humillado hasta que uno los muchachos, George, entró a su habitación y se disculpó por haberlo puesto en aprietos. George también lo invitó a asistir a la iglesia con él, y Tom aceptó.

Al llegar a la iglesia, Tom se horrorizó cuando las personas comenzaron a cantar: «Hay una fuente llena de sangre extraída de las venas de Emanuel». Tom se inclinó hacia George y le comentó: «Eso es lo más terrible que he escuchado en mi vida. ¿Cómo puede esta gente cantar acerca de eso? Parecen disfrutarlo».

El predicador era el doctor Kenneth McKinley, graduado del instituto al que asistí, el Seminario Teológico de Dallas. Cuando subió al púlpito, abrió su Biblia y dijo: «Esta mañana permaneceremos en Juan». Tom solo conocía la palabra *Juan* como sinónimo de retrete en inglés y, perplejo, se inclinó hacia George y le preguntó al respecto.

George sonrió y abrió su Biblia en el Evangelio de Juan y le mostró a Tom lo que allí decía. Mientras el doctor McKinley predicaba, Tom se sintió atraído por sus palabras. Poco después, durante una semana de énfasis espiritual en LeTourneau, un evangelista joven predicó claramente el evangelio.

Luego Tom recordó lo que había oído: «Él observó que todos somos pecadores y que Cristo murió por nuestros pecados. Para convertirnos en hijos de Dios debemos recibir a Cristo como nuestro Salvador. Eso fue para mí fascinante y seductor. Cuando él hizo una invitación para que las personas pasaran adelante, respondí. Anhelé tener la gracia de Dios en mi vida. Después el capellán del instituto se reunió conmigo. Me pidió que citara Juan 3:16. Yo no sabía ese versículo, y me pidió que lo leyera, pero me costó mucho trabajo porque las palabras se amontonaban en la página».

No obstante, esa mala experiencia no detuvo a Tom. Creció en su fe. Fue a casa y habló de su fe con sus padres, sus hermanos y su anciana abuela. Tom era estudiante en el Moody Bible Institute cuando se enteró que todos ellos habían recibido a Cristo. Tom y su esposa, Clare, se convirtieron en embajadores para Cristo en una variedad de ministerios por toda Asia antes del fallecimiento de Tom en 2020, quien fue conocido como el hombre que pasó de la granja de cerdos hasta los confines de la tierra. ¡Sin embargo, pensemos en aquellos que hablaron a la vida de este exgranjero![13]

Algo que he aprendido es que la mayoría de personas no deciden seguir a Cristo la primera vez que oyen hablar de él. Se necesitan varias exposiciones al evangelio. Por eso es que no me desanimo cuando alguien no responde inmediatamente. A veces somos plantadores de semillas, y alguien más verá la cosecha. El apóstol Pablo expresó: «Yo planté, Apolos regó; pero el crecimiento lo ha dado Dios» (1 Corintios 3:6).

Philip Schaff, el gran historiador de la iglesia, escribió una serie de libros en ocho volúmenes que cubren todo el recorrido de la historia de la iglesia. Esto comentó al referirse al crecimiento del reino en la era postapostólica:

> Una vez establecido, el cristianismo en sí fue su mejor misionero. Creció naturalmente desde adentro. Atrajo a la gente por su presencia misma. Era una luz que brillaba en la oscuridad e iluminaba las tinieblas. Ahora bien, aunque no había misioneros profesionales que dedicaran toda su vida a esta obra específica, cada congregación era una sociedad misionera, y cada creyente cristiano un misionero, enardecidos por el amor de Cristo para convertir a sus semejantes. El ejemplo lo habían dado Jerusalén y Antioquía, y aquellos hermanos que, después del martirio de Esteban, «se habían dispersado y predicaban la palabra por dondequiera que iban».[14]

Así es como el evangelio cambió el mundo después de la partida de Cristo, y así es como el evangelio cambiará al mundo antes de su regreso. El lapso completo de la ausencia física de Cristo en este planeta (la era de la gracia desde su ascensión hasta su regreso) se ha reservado para la proclamación del evangelio a toda generación, a toda tierra y a toda persona en el mundo.

El apóstol Pedro declaró:

> En los postreros días vendrán burladores, andando según sus propias concupiscencias, y diciendo: ¿Dónde está la promesa de su advenimiento? Porque desde el día en que los padres durmieron, todas las cosas permanecen así como desde el principio de la creación. Estos ignoran voluntariamente, que en el tiempo antiguo fueron hechos por la palabra de Dios los cielos, y también la tierra, que proviene del agua y por el agua subsiste, por lo cual el mundo de entonces pereció anegado en agua; pero los cielos y la tierra que existen ahora, están reservados por la misma palabra, guardados para el fuego en el día del juicio y de la perdición de los hombres impíos. Mas, oh amados, no ignoréis esto: que para con el Señor un día es como mil años, y mil años como un día. El Señor no retarda su promesa, según algunos la tienen por tardanza, sino que es paciente para con nosotros, no queriendo que ninguno perezca, sino que todos procedan al arrepentimiento. (2 Pedro 3:3-9)

En otras palabras, si el Señor está demorando su regreso, es solo con el fin de dar a algunas personas más tiempo para arrepentirse. Es solo para darnos a usted y a mí suficiente tiempo para comunicar el evangelio a una persona más.

¿A quién podemos alcanzar? Pidámosle a Dios que abra una puerta para hablar de nuestra fe. Practiquemos nuestro testimonio. Aprendamos algunos versículos que resuman el evangelio, como Romanos 6:23: «La paga del pecado es muerte, mas la dádiva de Dios es vida eterna en Cristo Jesús Señor nuestro». Desechemos el miedo, y no temamos al fracaso. Confiemos en que Dios nos dará las palabras correctas en el momento adecuado, luego dejémosle los resultados a él.

Con apoyo

También compartimos el evangelio al compartir nuestros recursos para la extensión del reino. Cuando en oración y con regularidad damos nuestros diezmos y ofrendas a nuestra iglesia local y a otros ministerios que Cristo pone en nuestros corazones, él recibe nuestras ofrendas como adoración. Luego las transmuta en obras tangibles de gracia. Los filipenses proveyeron apoyo financiero para los viajes de Pablo, y el éxito del apóstol se convirtió en el éxito de ellos.

El pastor Chuck Sligh habló de un misionero que «regresó a Inglaterra para una breve licencia después de muchos años de servicio fiel en la India. Fue invitado a una cena en un gran centro turístico de verano donde conoció a muchas mujeres de prominencia y posición. Después de la cena fue a su habitación y escribió una carta a su esposa, en la que le decía: "Amada mía: he cenado en el hotel. La compañía fue maravillosa. Hoy vi cosas muy extrañas. Muchas mujeres estaban presentes. Había algunas que, hasta donde me consta, llevaban puesta una iglesia, cuarenta órganos artesanales, veinte bibliotecas y treinta mil Biblias"».

Este hombre, en su intenso anhelo de proveer el evangelio a los millones de personas espiritualmente hambrientas en India, «no pudo abstenerse de calcular las sedas, los rasos y los diamantes de los invitados a la cena en términos de las necesidades de su pueblo en el campo misionero».[15]

Esa es una buena ilustración mientras no permitamos que nos «culpe» para que demos. Nuestra plata y nuestro oro perecerán, pero aquellos que ganamos para Cristo se nos unirán eternamente en el cielo.

Estamos viviendo en los últimos días, ¡y somos los únicos que tenemos buenas noticias para este mundo! Los medios masivos de comunicación no las tienen. La academia no las tiene. La industria del entretenimiento no las tiene. Los políticos y estadistas ciertamente tampoco.

El único lugar en que se encuentra esperanza está en la proclamación de las buenas nuevas por parte de los seguidores de Jesús. Y hoy día personas en todo el mundo están arriesgando sus vidas para comunicarlas.

Entonces, qué privilegio para nosotros es mostrar el evangelio, comunicarlo y apoyarlo.

Tal vez usted recuerda haber leído sobre los diecisiete misioneros secuestrados hace poco en Haití. Uno de ellos, Austin Smucker, estaba allí en una misión de poco tiempo. Trabaja en construcción en Oregón, y fue a Haití a reconstruir casas. Cuando el grupo regresaba de visitar un orfanato, se encontraron con una barricada. Se trataba de un secuestro, y los diecisiete rehenes (entre ellos tres niños) estuvieron hacinados en una habitación de tres metros por cuatro, y los mantuvieron allí durante dos meses.

Smucker indicó que los secuestradores «cargaban las pistolas frente a nosotros, esperando ver que nos encogiéramos de miedo. Pero no lo hicimos porque lo peor que podían hacer era dispararnos y nos habríamos ido al cielo».

Una noche, a eso de las 2:30 de la mañana, el grupo se escabulló de su prisión y se embarcó en una aventura que a algunos de ellos les recordó el peligroso viaje en *El progreso del peregrino.* Tuvieron que vadear canales, rodear un lago, atravesar un bosque lleno de espinas, seguir una senda de ganado, y en cada cruce daban vueltas y oraban pidiendo orientación. Pero todos llegaron a un lugar seguro.

Smucker comentó: «No guardo ningún rencor hacia los guardias». También añadió que ese no fue su primer viaje misionero, ni sería el último. En todo caso, está más que ansioso por regresar. «Si Satanás estaba tratando de asustarme para que no quisiera ir a otra misión, no tuvo ningún éxito».[16]

El mensaje del evangelio es imparable, y seguirá siéndolo hasta el final de la era. Los mensajeros del evangelio también son imparables, y lo seguirán siendo hasta el fin del mundo. Por eso es que no puedo parar hasta que el Señor me lleve a casa, y creo que usted también se siente así.

Las personas necesitan al Señor. Nuestro mundo nunca lo ha necesitado más. Seamos los evangelistas descalzos para Cristo adondequiera que vayamos, sin importar el costo, hasta que todos en la tierra hayan oído las buenas nuevas de Jesús y su historia, de Jesús y su gloria, y de Jesús y su amor.

¡Seamos las buenas nuevas!

Diez versículos para ayudarnos a ser las *buenas nuevas*

«Vosotros sois la luz del mundo; una ciudad asentada sobre un monte no se puede esconder. [...] Así alumbre vuestra luz delante de los hombres, para que vean vuestras buenas obras, y glorifiquen a vuestro Padre que está en los cielos» (Mateo 5:14, 16).

«Id, y haced discípulos a todas las naciones, bautizándolos en el nombre del Padre, y del Hijo, y del Espíritu Santo; enseñándoles que guarden todas las cosas que os he mandado; y he aquí yo estoy con vosotros todos los días, hasta el fin del mundo. Amén» (Mateo 28:19-20).

«Id por todo el mundo y predicad el evangelio a toda criatura» (Marcos 16:15).

«De tal manera amó Dios al mundo, que ha dado a su Hijo unigénito, para que todo aquel que en él cree, no se pierda, mas tenga vida eterna» (Juan 3:16).

«Recibiréis poder, cuando haya venido sobre vosotros el Espíritu Santo, y me seréis testigos en Jerusalén, en toda Judea, en Samaria, y hasta lo último de la tierra» (Hechos 1:8).

«No me avergüenzo del evangelio, porque es poder de Dios para salvación a todo aquel que cree; al judío primeramente, y también al griego» (Romanos 1:16).

«¡Cuán hermosos son los pies de los que anuncian la paz, de los que anuncian buenas nuevas!» (Romanos 10:15).

«Somos creación de Dios, creados en Cristo Jesús para hacer las buenas obras que Dios de antemano ya había planeado» (Efesios 2:10, NBV).

«Esas buenas nuevas que escucharon ustedes están dando fruto y creciendo en todo el mundo, como también sucedió entre ustedes mismos desde el día en que escucharon y entendieron la gracia de Dios» (Colosenses 1:6, NBV).

«Santificad a Dios el Señor en vuestros corazones, y estad siempre preparados para presentar defensa con mansedumbre y reverencia ante todo el que os demande razón de la esperanza que hay en vosotros» (1 Pedro 3:15).

Capítulo 9

EN EL MUNDO DEL FIN, *TENGAMOS DETERMINACIÓN*

El que persevere hasta el fin, este será salvo.

MATEO 24:13

Atravesar en avión el desierto de Sahara en el norte de África es una experiencia increíble si se viaja en un asiento junto a la ventanilla. Durante horas, horas y horas lo único que se verá son abrasadoras extensiones de arena. Las dunas onduladas pueden alcanzar doscientos metros de profundidad. Este es el desierto más cálido y riguroso en la tierra, y es tan grande como Estados Unidos (con Alaska y Hawái incluidos). Junto con las dunas de arena hay llanuras cubiertas de grava, salinas y mesetas estériles.[1]

El límite oriental del Sahara es el mar Rojo, y el occidental es el océano Atlántico. Es como Estados Unidos entre los océanos Atlántico y Pacífico, salvo que todo es valle de muerte.

Una mañana de noviembre, tres hombres sumergieron los dedos de los pies en las frías aguas del Atlántico en Senegal. Luego empezaron a correr. Su objetivo era llegar al mar Rojo, a unos siete mil kilómetros de distancia.

Charlie Engle, Ray Zahab y Kevin Lin intentaban algo nunca antes concebido en la historia: atravesar el desierto de Sahara. Hacían esto para crear conciencia de los millones de habitantes de África que no tienen acceso al agua limpia. Pero según Charlie Engle, a él y sus amigos también los motivaba el hecho de ser pioneros. Confesó: «El reto de hacer algo que nunca antes se ha hecho nos atrajo realmente».

Su viaje estuvo plagado de retos, algunos de los cuales eran geográficos. Su ruta atravesó seis naciones diferentes: Senegal, Mauritania, Mali, Níger, Libia y Egipto. Soportaron temperaturas ardientes, tormentas de arena, corrupción gubernamental, y en ocasiones tuvieron que correr sobre carreteras de dos carriles donde los autos pasaban a más de ciento sesenta kilómetros por hora.

Los retos físicos eran aún mayores. Los tres amigos recorrían un promedio de sesenta y cinco kilómetros diarios, y hubo varios días en que corrieron el equivalente de dos maratones seguidas, o más. Cada corredor debió ocuparse de más de cincuenta ampollas en sus pies. Perdieron peso, enfrentaron deshidratación y no dormían más de cinco horas cada noche.

Pero el mayor obstáculo para los corredores era mental.

Engle afirmó: «Fue un ejercicio mucho más mental que físico. Era mucho más fuerte para la mente que para el cuerpo».[2]

Casi al final, los corredores se estaban derrumbando gravemente. Dos sufrían de tendinitis aguda. Todos los tres lidiaban con virus intestinales. Sus pies estaban hinchados hasta una talla más de calzado. El corredor más joven, Kevin Lin, comenzó a hablar francamente de renunciar y regresar a casa. Como líder de la expedición, Charlie Engle lo animó a mantener el rumbo, a seguir esforzándose al máximo hasta el último instante.

Engle explicó: «Es algo que aprendí de las carreras de aventura. No te desvíes del rumbo. Insiste aunque no puedas, porque algo podría cambiar. [...] Sigue adelante».[3]

¡Y lo lograron! Sumergieron los dedos de los pies en las frías aguas del mar Rojo después de ciento once agotadores días. Fue una hazaña inigualable (¡o pies inigualables!) de resistencia.

Si revisamos diccionarios y recursos en línea, es probable que no encontremos una definición mejor para *resistencia* que la declaración de Charlie Engle: *Sigue adelante.*

Eso es lo que significa soportar, y es lo que Jesús les comunicó a sus discípulos en el Monte de los Olivos.

Como hemos visto hasta ahora, las «señales de los tiempos» respecto a lo que Jesús profetizó eran aterradoras por muchas razones. Les advirtió acerca del engaño, tanto desde afuera como desde dentro de la iglesia. Advirtió sobre guerras y rumores de guerras. Advirtió en cuanto a hambres, terremotos y pestes. Jesús previó tribulación, persecución, maldad y falta de amor. Incluso aquellos que profesaban ser cristianos se apartarían.

Pero todos los aspectos negativos conducen a un increíble positivo, una promesa fenomenal: «Mas el que persevere hasta el fin, este será salvo» (Mateo 24:13).

Esa promesa fue cierta para los primeros discípulos de Cristo mientras soportaban ataques del Imperio romano y de los dirigentes religiosos de su propia comunidad. Esa promesa ha sido cierta para todos aquellos que permanecieron fieles al reino de Dios a lo largo de los altibajos de la historia. Y esa promesa es especialmente crítica para los creyentes de hoy día a medida que nos acercamos al mundo el fin.

Sí, seguramente enfrentaremos obstáculos y dificultades. En muchas formas, este mundo es un gigantesco desierto de Sahara. Pero tenemos una carrera que correr y no debemos renunciar. Debemos seguir adelante con entusiasmo, con las fuerzas de Cristo dentro de nosotros, ¡y con la victoria a la vista!

La fortaleza de nuestra posición

Veamos otra vez la primera parte de la promesa de Jesús: «Mas el que persevere».

Las Escrituras están repletas de advertencias y estímulos para que el pueblo de Dios siga adelante en tiempos difíciles. Los escritores bíblicos emplearon muchos términos para describir esta cualidad de nuestro carácter: *resistencia, constancia, fidelidad, perseverancia*, etc. Pero la idea básica es que los seguidores de Cristo lo *sigan* hasta el final, pase lo que pase.

Jesús expresó: «Ninguno que poniendo su mano en el arado mira hacia atrás, es apto para el reino de Dios» (Lucas 9:62).

Pablo instruyó a Timoteo a seguir adelante en medio de las pruebas: «Tú, pues, sufre penalidades como buen soldado de Jesucristo» (2 Timoteo 2:3). Unos cuantos versículos después, añadió: «Acuérdate de Jesucristo, del linaje de David, resucitado de los muertos conforme a mi evangelio, en el cual sufro penalidades, hasta prisiones a modo de malhechor; mas la palabra de Dios no está presa. *Por tanto, todo lo soporto por amor de los escogidos*, para que ellos también obtengan la salvación que es en Cristo Jesús con gloria eterna» (vv. 8-10, énfasis añadido).

Santiago escribió: «Bienaventurado el varón que soporta la tentación; porque cuando haya resistido la prueba, recibirá la corona de vida, que Dios ha prometido a los que le aman» (1:12).

La palabra griega para *persevere* en Mateo 24 es *hupomenó*, que es una combinación de *hupo* («bajo») y *menó* («estar» o «permanecer»). Por tanto, la imagen que Jesús utilizó para describir a quienes perseveran es la de aquellos que están decididos a permanecer bajo la carga hasta que Cristo la levante. Tiene que ver con someterse a una directriz o un mandato específico, eligiendo persistir en un lugar determinado, aunque otros se hayan movido o alejado.

En la terminología actual podríamos decir: «Mas el que aguante hasta el fin, este será salvo».

¡Eso no es fácil! Se necesita mucha fortaleza para aguantar. A menudo pensamos en la perseverancia como algo pasivo. ¿Ha *soportado* usted alguna vez una conferencia de un maestro aburrido? ¿Y qué tal el *sufrimiento a lo largo de* un turno en la noche? En casos como esos, simplemente sonreímos y soportamos.

Eso no es exactamente de lo que Jesús estaba hablando.

Su llamado a perseverar fue una orden para que sus seguidores se sostuvieran su postura. Para que lucharan contra la corriente y se negaran a ser movidos. Para que se mantuvieran firmes en sus convicciones y su carácter, aunque pareciera que todo el mundo estuviera en su contra.

Pablo les escribió a los primeros creyentes:

> Por lo demás, hermanos míos, fortaleceos en el Señor, y en el poder de su fuerza. Vestíos de toda la armadura de Dios, para que podáis estar firmes contra las asechanzas del diablo. Porque no tenemos lucha contra sangre y carne, sino contra principados, contra potestades, contra los gobernadores de las tinieblas de este siglo, contra huestes espirituales de maldad en las regiones celestes. Por tanto, tomad toda la armadura de Dios, para que podáis resistir en el día malo, y habiendo acabado todo, estar firmes. (Efesios 6:10-13)

El pastor Vinod Patil comprende esa clase de fuerza para resistir. Como dirigente de la iglesia en India, ha sido testigo del aumento de leyes contra la conversión aprobadas por el gobierno en los últimos años, leyes diseñadas específicamente para incrementar los ataques aprobados por el gobierno contra las iglesias cristianas.

De acuerdo con una investigación reciente del *New York Times*, «los vigilantes anticristianos están arrasando aldeas, irrumpiendo en iglesias, quemando literatura cristiana, atacando escuelas y asaltando a fieles. En muchos casos, la policía y los miembros del partido gobernante en India ayudan a estos enemigos del cristianismo, según revelan documentos gubernamentales y docenas de entrevistas. En iglesia tras iglesia, el mismo hecho de adorar se ha vuelto peligroso a pesar de las protecciones constitucionales para la libertad religiosa».

Extremistas hindúes han amenazado con matar al pastor Patil si lo sorprenden predicando. Por eso ahora vive como un agente secreto, recorriendo campos de trigo y callejones en su desgastada motocicleta Honda, asegurándose de que no lo sigan, orando con familias en cocinas y patios, y dirigiendo reuniones secretas en granjas en ruinas.

El pastor Patil declaró a los periodistas: «La constitución nos otorga el derecho a predicar abiertamente. Aun así, debemos ser muy cuidadosos».[4] A pesar del peligro, el pastor Patil ha optado por seguir predicando. Ha decidido perseverar. Seguir de pie.

Solamente el cielo sabe cuántos cristianos están resistiendo *con* él e *igual que* él en la tierra. Pero debemos estar entre ellos. «Y habiendo acabado todo, estar firmes» (Efesios 6:13).

La resistencia de nuestra posición

Atravesar corriendo el Sahara requiere *resistencia*, una palabra que tiene que ver con la tenacidad de nuestra fortaleza. No solo debemos aguantar, ¡sino que debemos resistir hasta el fin!

Observe la sección central de la frase de nuestro Señor: «Mas el que persevere *hasta el fin*, este será salvo» (Mateo 24:13, énfasis añadido).

¿El fin de qué?

Esa es una pregunta ampliamente debatida, y si usted lee diez comentarios tal vez encuentre nueve respuestas diferentes. No obstante, para mí no es tan difícil.

Resistencia perenne

En primer lugar, debemos seguir adelante hasta que Cristo venga por nosotros o nos llame a casa. Perseveremos sin rendirnos. Seguimos volviendo una y otra vez, siendo fructíferos, creciendo, presionando hacia adelante con lo que Dios tiene para nosotros hasta que, tal como el Señor Jesús, podamos declarar: «Yo te he glorificado en la tierra; he acabado la obra que me diste que hiciese» (Juan 17:4).

Debemos perseguir la voluntad y el llamado del Señor para nuestras vidas hasta que podamos manifestar, al igual que Pablo: «He peleado la buena batalla, he acabado la carrera, he guardado la fe» (2 Timoteo 4:7).

Debemos esperar, velar y trabajar hasta que podamos expresar, como el anciano Simeón: «Ahora, Señor, despides a tu siervo en paz, conforme a tu palabra; porque han visto mis ojos tu salvación» (Lucas 2:29-30).

No lo hacemos en nuestras propias fuerzas. Oramos como el profeta Isaías: «Sé nuestra fortaleza cada mañana» (Isaías 33:2, NBLA).

Y reclamamos la promesa de Isaías: «Los que esperan en el SEÑOR renovarán sus fuerzas» (40:31, NBV).

Para los que vivimos en el mundo del fin, las palabras de Jesús son un llamado a seguir adelante a medida que las señales de los tiempos estallan a nuestro alrededor. Debemos correr a través del humo, a través de la tierra temblorosa, a través del campo giratorio de batalla y a través de la agitación de nuestra era.

¡Nunca nos detendremos hasta que Jesús venga!

Esta actitud no siempre aparece como hazañas públicas de galantería. Por lo general aparece silenciosamente en nuestras vidas. Como el doctor V. Raymond Edman de Wheaton College solía decir a sus estudiantes: «Siempre es demasiado pronto para renunciar».

Pablo se sentía de la misma manera. En Hechos 20 les afirmó a los ancianos en Éfeso: «Ahora, he aquí, ligado yo en espíritu, voy a Jerusalén, sin saber lo que allá me ha de acontecer; salvo que el Espíritu Santo por todas las ciudades me da testimonio, diciendo que me esperan prisiones y tribulaciones. Pero de ninguna cosa hago caso, ni estimo preciosa mi vida para mí mismo, con tal que acabe mi carrera con gozo, y el ministerio que recibí del Señor Jesús, para dar testimonio del evangelio de la gracia de Dios» (vv. 22-24).

La Nueva Traducción Viviente lo expresa de este modo: «Mi vida no vale nada para mí a menos que la use para terminar la tarea que me asignó el Señor Jesús, la tarea de contarles a otros la Buena Noticia acerca de la maravillosa gracia de Dios» (v. 24).

Resistencia personal

En segundo lugar, un análisis cuidadoso de Mateo 24 nos brinda una pista más sobre el vigor que necesitamos con el fin de perseverar hasta el fin. Es algo personal. Un estudiante fluido del griego bíblico puede decirnos que hasta este punto en el Discurso del Monte de los Olivos, Jesús había estado hablando a sus discípulos en plural. Esto no es obvio en lenguajes como el inglés en que el pronombre personal de segunda persona puede ser singular o plural. Pero en castellano y griego es diferente.

Jesús usó el plural en los primeros versículos:

- «¿Veis [plural] todo esto?» (v. 2).
- «Respondiendo Jesús, les dijo: Mirad que nadie os [plural] engañe» (v. 4).

- «Ustedes van a oír [plural] de guerras y rumores de guerras. ¡Cuidado! No se alarmen [plural]» (v. 6, NBLA).
- «Entonces os entregarán [plural] a tribulación, y os matarán [plural], y seréis aborrecidos [plural] de todas las gentes por causa de mi nombre» (v. 9).
- «Por haberse multiplicado la maldad, el amor de muchos [plural] se enfriará» (v. 12).

Pero hay un cambio en el versículo 13. La palabra traducida «el» en ese versículo es el término griego *ho*, que es singular. «Mas el [singular] que persevere hasta el fin, este será [singular] salvo». Jesús pudo haber dicho: «Mas si usted [singular] persevera hasta el final, será [singular] salvo».

¿No es eso interesante? Aquí en el versículo 13 Jesús nos habló a usted y a mí como a un individuo. Estaba animando a cada uno de nosotros a aguantar y seguir aguantando todo el tiempo que fuera necesario.

Perseverar como seguidores de Jesús no solo requiere fortaleza, sino también resistencia perenne y personal. No tengamos miedo de defender lo que sabemos que es correcto y lo que Dios ha comunicado a través de su Palabra. Por tanto, mantengámonos de pie sin importar lo que se presente. Permanezcamos firmes hasta el fin.

Especialmente a medida que nos acercamos al mundo del fin.

Satisfacción en nuestra firmeza

Veamos ahora la última frase de la promesa de Jesús en Mateo 24:13: «Mas el que persevere hasta el fin, este *será salvo*» (énfasis añadido).

La decisión de perseverar como seguidores de Cristo requerirá tanto fortaleza como resistencia, pero permanecer firmes llevará finalmente a la satisfacción.

Una palabra bíblica como *salvación* es similar a un diamante, que tiene muchas caras y facetas. Ese término ocurre más de 166 veces en el Antiguo y el Nuevo Testamento, y en diferentes ambientes puede referirse a cosas diferentes. Por ejemplo, cuando los hijos de Israel quedaron atrapados en el mar Rojo, Moisés les dijo: «No temáis; estad firmes, y ved la salvación que Jehová hará hoy con vosotros» (Éxodo 14:13).

En ese contexto, la palabra implica la liberación de Israel de las hordas perseguidoras de Egipto. Dios dividió las aguas y salvó al pueblo.

En Romanos 13:11, Pablo indicó: «Hagan todo esto, conscientes del tiempo en que vivimos y de que ya es hora de que despertemos del sueño. Porque nuestra salvación está más cerca de nosotros ahora que cuando creímos» (RVC). ¿Qué quiso decir con eso? Pablo se refería al momento en que seremos salvados de este mundo perverso por medio del arrebatamiento o la resurrección cuando el Señor aparezca en el cielo.

En Hechos 4:12, Pedro declaró: «En ningún otro hay salvación; porque no hay otro nombre bajo el cielo, dado a los hombres, en que podamos ser salvos». El apóstol habla aquí de la salvación eterna de nuestras almas del pecado, la muerte y el infierno.

¿Qué entonces quiso decir Jesús cuando prometió que aquellos que perseveren hasta el fin serán salvos?

Lo que esta salvación no es

En primer lugar, Jesús no estaba enseñando salvación por obras. No es nuestra capacidad de perseverar lo que nos salva. ¡Solamente Cristo hace eso! No podemos borrar la realidad de nuestro pecado por nuestras propias fuerzas y por perseverar. Somos salvos del pecado por gracia a través de la fe (Efesios 2:8-9).

Nuestra capacidad de perseverar hasta el fin surge de una conexión íntima con Jesús, nuestro Salvador. Estamos de pie *porque* lo conocemos. No nos ganamos esa conexión poniéndonos de pie para él.

En segundo lugar, Jesús no estaba prometiéndonos rampas de seguridad garantizadas para cada dificultad en la vida. Por el contrario, él nos advirtió: «En el mundo *tendréis aflicción*; pero confiad, yo he vencido al mundo» (Juan 16:33, énfasis añadido).

El apóstol Pablo afirmó: «Todos los que quieren vivir piadosamente en Cristo Jesús padecerán persecución» (2 Timoteo 3:12).

Pedro dio a sus lectores la misma advertencia: «Amados, no os sorprendáis del fuego de prueba que os ha sobrevenido, como si alguna cosa extraña os aconteciese, sino gozaos por cuanto sois participantes de los padecimientos de Cristo, para que también en la revelación de su gloria os gocéis con gran alegría» (1 Pedro 4:12-13).

Los seguidores de Jesús enfrentarán resistencia y encontrarán problemas y pruebas dolorosas, y aún más a medida que nos acercamos al mundo del fin.

Lo que es la salvación

¿Qué entonces quiso decir Jesús cuando prometió que quienes perseveren hasta el fin serán salvos? La respuesta se encuentra tan clara como la luz del día entre las palabras finales del apóstol Pablo.

En el año 64 d. C., el emperador romano Nerón acusó a los cristianos de iniciar el incendio que destruyó Roma. En su furia demoníaca, el emperador arremetió contra los creyentes con venganza. Como vimos en un capítulo anterior, al apóstol Pablo lo rastrearon (pudo haberlo traicionado Alejandro el calderero) y lo arrojaron a la mazmorra en espera de ser decapitado. Desde allí escribió su carta de despedida a la iglesia. Esta iba dirigida específicamente a Timoteo, pero para todos nosotros resultan ser las últimas palabras del más grande misionero en la historia, esperando en cada momento que los soldados llegaran y lo ejecutaran.

Leamos lo que Pablo dijo al final de su carta: «El Señor me librará de toda obra mala, y me preservará para su reino celestial. A él sea gloria por los siglos de los siglos. Amén» (2 Timoteo 4:18).

Creo que eso es lo que Jesús quiso decir. Esa es la satisfacción de nuestra posición. Para aquellos que perseveren hasta el fin, el Señor los rescatará de la maldad y los llevará a salvo a su reino celestial, y a él sea gloria por los siglos de los siglos.

El inicio de nuestra posición

Cuando consideramos temas como resistencia, perseverancia o constancia es fácil pensar en ellos como algo abstracto o que los proyectemos hacia el futuro. *Cuando enfrente oposición en el futuro, me aseguraré de perseverar en lugar de flaquear.* O: *Cuando yo esté viejo y al final de mi vida, me aseguraré de recordar la importancia de terminar fuerte.*

No es así como esto funciona. La determinación de seguir a Cristo, sin importar el costo, no es algo que simplemente se nos mete en el alma el momento de la crisis. Empieza ahora y tarda toda la vida en desarrollarse. Es un proceso diario.

Esta es una decisión que usted y yo debemos tomar ahora mismo, en este momento. Existen algunas maneras prácticas de empezar y mantener nuestro progreso, independientemente de lo que esté sucediendo en el mundo del fin.

Decidamos correr nuestra carrera

Primero viene una determinación indiscutible, innegable y dada por Dios de vivir para Cristo cueste lo que cueste. Jesús explicó: «Si alguno quiere venir en pos de mí, niéguese a sí mismo, tome su cruz cada día, y sígame» (Lucas 9:23).

Déjeme contarle una historia de Juyanne James, profesora de inglés y escritora, acerca de un hombre que llegó a esa decisión. En sus memorias sobre su crianza como mujer afroamericana en la Luisiana rural, la profesora James describió cómo, una vez al mes, se designaba al coro de niños para que cantara en el culto de la iglesia. A menudo las personas se ponían de pie y narraban sus testimonios.

Entre los recuerdos de la profesora James, uno de tales testimonios decía lo siguiente:

> Hoy me presento delante de ustedes para dar mi testimonio. [...] Yo era joven e insensato. Malgastaba mi dinero en mujeres y alcohol. Y oía al Señor llamándome a lo largo de los años, pero yo no le hacía caso. No desaceleraba mi ritmo ni me detenía por nadie ni por nada. Ah, pero el Señor tiene una mano tan grande y poderosa, y puede extenderse y llegar lejos, alto y bajo.
>
> Temprano una mañana, el Señor me alcanzó y me agarró por los tobillos, y sentí como si me hubiera puesto patas arriba. Me retorció y me hizo girar hasta que yo no sabía dónde era arriba y dónde era abajo. El diablo se había metido tanto en mí que el Señor tuvo que sacudirlo. Yo conducía mi viejo Ford, pero lo siguiente que supe es que el camión había golpeado un gran árbol y rodaba de aquí para allá. Sabía que, si el árbol rodaba una vez más, no me quedaría mucho tiempo en este mundo. Le clamé a Jesús. [...]
>
> Y alabado sea el Señor, quien escuchó mi clamor. Desperté en el hospital unos días después, con vendajes en todo el cuerpo, y con una pierna casi perdida. Pero lo primero que dije fue: «Gracias, Jesús». Cuando me levanté de esa cama de hospital, decidí seguir al Señor.

Juyanne James comentó que en ese momento la iglesia entera se puso a cantar: «He decidido seguir a Cristo».[5]

Como usted sabe, ese no es un mal testimonio. Algunas veces el Señor nos agarra de los tobillos, nos pone patas arriba, nos mueve de aquí para allá, hasta que entremos en razón y decidamos seguir a Jesús. Aun así, tenemos que decir: «No hay vuelta atrás». Tenemos que declarar: «Aunque nadie me acompañe, aun así lo seguiré».

Decidamos que nada nos disuadirá de la voluntad de Dios, que nadie nos apartará de su senda, que ningún enemigo nos derrotará y que ningún pecado nos detendrá.

El mundo está detrás de nosotros, ¡la cruz va delante de nosotros!

Antes mencioné que los seguidores de Cristo debemos estar preparados para soportar pruebas de diversa índole mientras intentamos terminar esa carrera. Jesús mismo prometió que sufriríamos aflicción.

Pero aquí hay un principio y una promesa que pueden ayudarnos a seguir luchando: esas pruebas y aflicciones en realidad pueden convertirse en combustible para nuestra resistencia. No importa lo que el mundo lance a nuestro sendero, podemos reciclar tales experiencias en tal forma que, por el poder de Dios, nuestro sufrimiento se transforme en poder.

¿No me cree? Veamos lo que las Escrituras declaran:

- «Hermanos míos, que les dé gran alegría cuando pasen por diferentes pruebas, pues ya saben que cuando su fe sea puesta a prueba, producirá en ustedes firmeza. Y cuando se desarrolle completamente la firmeza, serán perfectos y maduros, sin que les falte nada» (Santiago 1:2-4, NBV).
- «Y también nos gozamos de las aflicciones, porque nos enseñan a tener paciencia; y la paciencia nos ayuda a superar las pruebas, y así nuestra esperanza se fortalece. Y esa esperanza nunca nos defrauda, pues Dios llenó nuestros corazones de

> su amor por medio del Espíritu Santo que él mismo nos dio» (Romanos 5:3-5, NBV).

Sí, las pruebas y las aflicciones pueden dificultar nuestro recorrido espiritual, pero no tienen por qué hacerlo. Con Dios detrás de nosotros y a nuestro lado, los sufrimientos se convierten en firmeza. La prueba se convierte en paciencia, y las dificultades se transforman en una bendita esperanza que puede llevarnos incluso hacia la perfección y realización, donde no nos falta ningún bien.

Por tanto, ¿cómo hemos de manejar los golpes y moretones que recibiremos en nuestros esfuerzos por seguir a Cristo? ¿Permitiremos que nos frenen, o los utilizaremos como combustible para nuestra fidelidad? De acuerdo con las Escrituras, la decisión es nuestra.

Decidamos reaccionar con semblante resplandeciente

Hablando de decisión, es importante que examinemos nuestras propias acciones y actitudes al enfrentar circunstancias difíciles. En muchos sentidos, el modo en que nos conducimos a lo largo de nuestra senda espiritual es tan importante como la forma en que terminamos la carrera.

¿Qué quiero decir con esto? Bueno, en mi caminar he conocido algunos cristianos con cara de vinagre que tenían mucha firmeza o resistencia pero poco amor. Estaban decididos a perseverar en medio de la persecución, pero se aseguraban de que todos a su alrededor supieran lo infelices que eran en el proceso, y les hacían la vida miserable a muchos otros con los que se encontraban en medio de su sufrimiento.

Esta actitud no es propia de los siervos del Rey. Como cristianos estamos llamados no solo a correr con firmeza y terminar la carrera, sino a hacerlo en una manera que aliente a otros a seguirnos. Se nos ha ordenado no solo *ser* discípulos de Jesús, sino *hacer* discípulos. Y para que esto ocurra, debemos reflejar el amor, la gracia y la bondad de Aquel a quien seguimos.

Mi punto es este: cuando nos enfrentamos a toda la fealdad que Jesús predijo para el mundo del fin, podemos responder irradiando el amor de Cristo.

Podemos vivir, como Pablo ordenó, «gozosos en la esperanza, pacientes en la tribulación, constantes en la oración» (Romanos 12:12, RVA-2015).

Recuerde la comisión de Pedro para los primeros creyentes, que también se aplica a nosotros:

> ¿Qué gloria es, si pecando sois abofeteados, y lo soportáis? Mas si haciendo lo bueno sufrís, y lo soportáis, esto ciertamente es aprobado delante de Dios. Pues para esto fuisteis llamados; porque también Cristo padeció por nosotros, dejándonos ejemplo, para que sigáis sus pisadas; el cual no hizo pecado, ni se halló engaño en su boca; quien cuando le maldecían, no respondía con maldición; cuando padecía, no amenazaba, sino encomendaba la causa al que juzga justamente. (1 Pedro 2:20-23)

Desarrollar perseverancia como creyentes en Jesús no tiene que ser una experiencia amarga. Es verdad que cada uno de nosotros deberá soportar épocas desagradables, y esto será especialmente cierto a medida que nos acercamos al mundo del fin. Pero podemos utilizar esas temporadas como oportunidades para irradiar el amor y la luz de Cristo.

Decidamos llegar a nuestra meta

Tener firmeza en el servicio que le damos a Dios significa decidir correr la carrera que tenemos por delante, decidir cómo reaccionar ante las circunstancias difíciles con la brillantez de Cristo y, finalmente, decidir correr hasta alcanzar el final de nuestro curso específico. Esto significa optar por seguir adelante hasta alcanzar nuestro reposo.

Me acuerdo de Shinzo Kanakuri, quien fue el primer atleta en representar a Japón en los Juegos Olímpicos. Ocurrió en las Olimpiadas de 1912 en Estocolmo, y Kanakuri era un apasionante recién llegado para la prueba de maratón. Con solo veinte años, ya había establecido un récord mundial el año anterior. Las expectativas eran altas.

Por desgracia para Kanakuri, las cosas no salieron como las había planeado. Después de un brutal viaje desde Japón que duró casi tres semanas, él se hallaba en mala forma antes del inicio de la maratón olímpica. Para empeorar las cosas, la prueba se disputó en un día especialmente caluroso en Suecia con temperaturas inesperadamente altas y una humedad altísima.

A los veinticinco kilómetros en la carrera, tropezó en un jardín local y se desplomó. Finalmente, una familia sueca lo encontró y lo cuidó hasta que se recuperó con zumo de frambuesa, rollos de canela y una cama cómoda.

A pesar de esta bondad, el atleta japonés se sentía mortificado por su propio fracaso. Sin saber qué hacer a continuación, Kanakuri regresó discretamente a Japón para lidiar con su vergüenza. En realidad, se marchó en forma tan reservada que los funcionarios suecos de la carrera no tenían registro de lo que le ocurrió. ¡Lo consideraron una «persona perdida» en ese país durante casi cincuenta años!

Por suerte, hay un final feliz para la historia de Shinzo Kanakuri. En 1967 las autoridades suecas hicieron arreglos para que el ahora anciano corredor regresara a Estocolmo y terminara la carrera. Partiendo desde donde había dejado el recorrido todas esas décadas antes, Kanakuri completó el trayecto con un impresionante tiempo de cincuenta y cuatro años, ocho meses, seis días, cinco horas, treinta y dos minutos, y veinte segundos y tres décimas.[6]

He aquí lo que deseo destacar: a pesar de un retraso de décadas, Shinzo Kanakuri terminó su carrera. Por fin llegó a la meta, y allí fue recibido no solo por sus hijos, sino también por sus nietos. ¡Esas son realmente grandes recompensas!

Solemos relacionar el libro de Apocalipsis con el caos y los cataclismos que esperamos experimentar en el fin del mundo, y con buena razón. La visión que Juan recibió en la isla de Patmos sin duda nos permite asomarnos por la venta del tiempo y vislumbrar muchos detalles importantes sobre el fin de la historia. Según hemos visto, esos detalles encajan perfectamente con las promesas proféticas de Jesús en el Discurso del Monte de los Olivos.

Sin embargo, hay una sección de Apocalipsis que a veces olvidamos. En los capítulos 2 y 3, el Señor Jesús comisionó a Juan para que entregara siete cartas a las siete iglesias que funcionaban en Asia Menor durante su época. Cada una de esas cartas lleva un mensaje especifico que usa imágenes y descripciones gráficas relevantes para esas regiones. En conjunto, crean un maravilloso mensaje de ánimo y exhortación de Cristo para su iglesia durante una temporada de intensa persecución.

Hay un tema específico presente en cada una de esas cartas que es pertinente para este capítulo.

Vea si puede captar ese tema basándose en los versículos siguientes:

- A la iglesia en Éfeso: «Al que venciere, le daré a comer del árbol de la vida, el cual está en medio del paraíso de Dios» (2:7).
- A la iglesia en Esmirna: «El que venciere, no sufrirá daño de la segunda muerte» (2:11).
- A la iglesia en Pérgamo: «Al que venciere, daré a comer del maná escondido, y le daré una piedrecita blanca, y en la piedrecita escrito un nombre nuevo, el cual ninguno conoce sino aquel que lo recibe» (2:17).

- A la iglesia en Tiatira: «Al que venciere y guardare mis obras hasta el fin, yo le daré autoridad sobre las naciones, y las regirá con vara de hierro, y serán quebradas como vaso de alfarero; como yo también la he recibido de mi Padre; y le daré la estrella de la mañana» (2:26-28).
- A la iglesia en Sardis: «El que venciere será vestido de vestiduras blancas; y no borraré su nombre del libro de la vida» (3:5).
- A la iglesia en Filadelfia: «Al que venciere, yo lo haré columna en el templo de mi Dios, y nunca más saldrá de allí; y escribiré sobre él el nombre de mi Dios, y el nombre de la ciudad de mi Dios, la nueva Jerusalén, la cual desciende del cielo, de mi Dios, y mi nombre nuevo» (3:12).
- A la iglesia en Laodicea: «Al que venciere, le daré que se siente conmigo en mi trono, así como yo he vencido, y me he sentado con mi Padre en su trono» (3:21).

¿Ve usted el patrón? En cada iglesia, Jesús llamó a los creyentes a «vencer». A soportar. A dejar atrás la persecución y el sufrimiento que experimentaban. Y con cada llamado a «vencer», Jesús incluyó una recompensa prometida.

Este es el mensaje abrumador de las Escrituras. Como hijos de Dios, nuestro Salvador está llamándonos a usted y a mí a ser firmes en la defensa de los valores, de las prioridades y del reino del Señor. Él nos llama a permanecer fieles aunque las cosas se pongan difíciles.

Pero Jesús también nos anima a recibir las recompensas que ha prometido. Eso empieza con vida eterna, por supuesto; y si nunca recibiéramos ningún otro regalo de nuestro Buen Padre, ¡esta sería una bendición más allá de toda comprensión posible! Sin embargo, él ha prometido más que regalos. Ha prometido «cosas mucho más abundantemente de lo que pedimos o entendemos» (Efesios 3:20).

Ya mencioné en este libro los siguientes pasajes de las Escrituras, pero vale la pena repetirlos:

- Santiago escribió: «Bienaventurado el varón que soporta la tentación; porque cuando haya resistido la prueba, recibirá la corona de vida, que Dios ha prometido a los que le aman» (1:12).
- Pablo prometió: «Si sufrimos, también reinaremos con él» (2 Timoteo 2:12).

Así que no nos rindamos en nuestro camino espiritual. No permitamos que nos desvíen del sendero o que nos saquen de la carrera. Y si tropezamos, levantémonos de nuevo y empecemos a correr una vez más. En las palabras del corredor del Sahara, Charlie Engle, pase lo que pase, «Sigamos adelante». Porque nuestra recompensa vale la pena.

John R. W. Stott fue uno de los más grandiosos líderes cristianos del siglo pasado. Durante muchos años sirvió fielmente como rector de All Souls Langham Place en Londres; fue predicador incomparable, maestro bíblico, evangelista, escritor, conferencista y líder mundial.

He aquí una historia que Os Guinness contó acerca de los últimos momentos de la carrera de John Stott, y de cómo permaneció decidido a alcanzar su reposo como fiel siervo de Cristo:

> Lo conocí durante muchas décadas, pero nunca olvidaré mi última visita que le hice tres semanas antes de su muerte. Después de más de una hora inolvidable de platicar sobre muchos recuerdos de varios años, le pregunté cómo le gustaría que orara por él. Tumbado débilmente sobre su espalda y casi sin poder hablar, respondió en un susurro ronco: «Ora porque yo sea fiel a Jesús hasta mi último aliento».[7]

Sí. ¡Qué oración por el fin de la carrera de un hombre, y qué oración por el mundo del fin! Sin importar con qué nos topemos en la marcha implacable de nuestro mundo hacia el final, que usted y yo seamos fieles a nuestro Señor. *Perseveremos hasta el fin.*

Diez versículos para ayudarnos a *perseverar*

«¿No has sabido, no has oído que el Dios eterno es Jehová, el cual creó los confines de la tierra? No desfallece, ni se fatiga con cansancio, y su entendimiento no hay quien lo alcance. Él da esfuerzo al cansado, y multiplica las fuerzas al que no tiene ningunas» (Isaías 40:28-29).

«El que persevere hasta el fin, este será salvo» (Mateo 10:22).

«No nos cansemos, pues, de hacer bien; porque a su tiempo segaremos, si no desmayamos» (Gálatas 6:9).

«Hermanos míos, fortaleceos en el Señor, y en el poder de su fuerza» (Efesios 6:10).

«Tomad el yelmo de la salvación, y la espada del Espíritu, que es la palabra de Dios; orando en todo tiempo con toda oración y súplica en el Espíritu, y velando en ello con toda perseverancia y súplica por todos los santos» (Efesios 6:17-18).

«Pedimos que se fortalezcan con todo el glorioso poder de Dios para que tengan toda la constancia y la paciencia que necesitan» (Colosenses 1:11, NTV).

«Es necesaria la paciencia, para que habiendo hecho la voluntad de Dios, obtengáis la promesa» (Hebreos 10:36).

«Bienaventurado el varón que soporta la tentación; porque cuando haya resistido la prueba, recibirá la corona de vida, que Dios ha prometido a los que le aman» (Santiago 1:12).

«He aquí, tenemos por bienaventurados a los que sufren. Habéis oído de la paciencia de Job, y habéis visto el fin del Señor, que el Señor es muy misericordioso y compasivo» (Santiago 5:11).

«Por cuanto has guardado la palabra de mi paciencia, yo también te guardaré de la hora de la prueba que ha de venir sobre el mundo entero, para probar a los que moran sobre la tierra» (Apocalipsis 3:10).

Epílogo

Hemos recorrido un largo camino en estas páginas, y me gustaría concluir con una parábola del filósofo y teólogo del siglo XIX Søren Kierkegaard. En su libro *O lo uno o lo otro*, escribió:

> Sucedió una vez en un teatro que se prendió fuego entre bastidores. El payaso acudió para avisar al público de lo que ocurría. Creyeron que se trataba de un chiste y aplaudieron; aquel lo repitió y ellos rieron aún con más fuerza. De igual modo pienso que el mundo se acabará con la carcajada general de amenos guasones creyendo que se trata de un chiste.[1]

Creo que Kierkegaard tenía razón. Es más, a menudo siento como si nuestro mundo estuviera viviendo su parábola en tiempo real. Como cultura y como pueblo, cada vez somos más ignorantes de lo que Dios ha dicho acerca del fin de los tiempos, y de lo que enfrentamos en la conclusión de la historia. No solo eso, sino que la humanidad es cada vez más hostil hacia la idea de que se acerca un final.

Al concluir estas últimas palabras en *El mundo del fin*, no deseo centrarme en algunas personas en general. No deseo enfocarme en la humanidad como un todo.

En lugar de eso, quiero centrar la atención directamente en usted y en mí.

No se equivoque: todo lo que Jesús advirtió en su Discurso del Monte de los Olivos sucederá. Cada una de sus profecías se cumplirá, y todas sus promesas se harán realidad. Podemos creerlo. Podemos contar con esa realidad.

La pregunta es: ¿qué haremos al respecto? ¿Qué va a hacer *usted* al respecto?

Mi oración es que usted y yo no nos quedemos con los brazos cruzados mientras el humo sale por las puertas y las llamas ascienden por las paredes de nuestras comunidades. No permitamos que el entretenimiento, la comodidad, las finanzas, el miedo, los deseos de la carne, las vanaglorias de la vida o cualquier otra distracción terrenal se interponga en el camino de servir a nuestro Salvador hasta el fin. Hasta el último momento.

No sé si hemos llegado al fin del mundo. Puede que a la humanidad le queden días o décadas hasta el arrebatamiento de la iglesia y la presión agotadora e insoportable de la tribulación que seguirá. Como las Escrituras expresan, nadie conoce el día o la hora (Mateo 24:36).

Pero sí sé esto: usted y yo hemos llegado al mundo del fin. Como planeta y como personas, estamos experimentando los dolores de parto en preparación para todo lo que Dios ha prometido. Estamos viviendo los días profetizados por el mismo Cristo.

Por tanto, seamos veraces. Tengamos calma. Tengamos confianza. Estemos preparados. Seamos fieles. Seamos bondadosos. Seamos las buenas nuevas. Y tengamos determinación para vivir como debemos, como hijos de Dios que brillan como estrellas en el universo, ¡hasta el fin!

Notas

Introducción

1. Dr. David Osborn, «Dios y nuestras circunstancias», Compass, https://www.preachingtoday.com/illustrations/2005/may/15921.html.
2. Billy Graham, «10 citas de Billy Graham sobre los últimos tiempos», Blog de la Biblioteca Billy Graham, 8 abril 2021, https://billygrahamlibrary.org/blog-10-quotes-from-billy-graham-on-end-times/.

Capítulo 1

1. Jeffrey M. McCall, «Cronkite se despidió hace 40 años; parece un eón en los estándares de noticias», *The Hill*, 5 marzo 2021, https://thehill.com/opinion/technology/541882-cronkite-signed-off-40-years-ago-it-seems-like-an-eon-in-news-standards/.
2. John MacArthur, *La segunda venida* (Grand Rapids, MI: Portavoz, 1999), p. 63.
3. Tim LaHaye y Thomas Ice, *Charting The End Times: A Visual Guide to Understanding Bible Prophecy* (Eugene, OR: Harvest House, 2001), p. 35.
4. John F. Walvoord, «Discurso de Cristo en el Monte de los Olivos sobre el fin de los tiempos», Bible.org, 1 enero 2008, https://bible.org/seriespage/1-introduction-2.
5. Este párrafo está adaptado de *The Jeremiah Study Bible* (Nashville, TN: Worthy, 2018), p. 1368.

6. Flavio Josefo, *The Wars of the Jews,* 6.267, https://lexundria.com/j_bj/6.267/wst.
7. The Babylonian Talmud, Sukkah 51b.
8. Flavio Josefo, *The War of the Jews,* https://www.gutenberg.org/files/2850/2850-h/2850-h.htm.
9. Flavio Josefo, *The War of the Jews,* https://www.gutenberg.org/files/2850/2850-h/2850-h.htm.
10. John MacArthur, *Comentario MacArthur del Nuevo Testamento: Mateo* (Grand Rapids, MI: Portavoz, 2017), p. 822.
11. John F. Walvoord, «Christ's Olivet Discourse on the End of the Age», Bible.org.
12. Carl G. Johnson, *Prophecy Made Plain* (Chicago: Moody, 1972), p. 84.
13. James Davis, «Lección 10: El estudio de eventos futuros», Bible.org, https://bible.org/seriespage/lesson-10-study-future-events#_ftnref2.
14. Wayne Grudem, *Teología sistemática: Una introduccion a la doctrina bíblica*, 2.a ed. (Miami: Vida, 2021), p. 1375.
15. Paul N. Benware, *Entienda la profecía de los últimos tiempos* (Grand Rapids: Portavoz, 2010), p. 17.
16. Jay Yarow, «Esto es lo que Steve Ballmer pensó sobre el iPhone hace cinco años», *Insider*, 29 junio 2012, https://www.businessinsider.com/heres-what-steve-ballmer-thought-about-the-iphone-five-years-ago-2012-6?IR=T.
17. Mark Mitchell, «Ready or Not, Here I Come!» *Preaching Today*, https://www.preachingtoday.com/illustrations/2008/october/2102008.html.

Capítulo 2

1. Dan Fisher y Harry Trimborn, «Rumania: Muerte de un dictador», *Los Angeles Times,* 26 diciembre 1989, https://www.latimes.com/archives/la-xpm-1989-12-26-mn-1001-story.html.
2. Flavio Josefo, *Las Antigüedades de los judíos,* trad. William Whiston (Project Gutenberg, 8 agosto 2017), 20.5.1, consultado en https://www.gutenberg.org/files/2848/2848-h/2848-h.htm#link202HCH0008.
3. Josefo, *Antigüedades,* 20.8.6.

4. Sara Toth Stub, «Recordando a Adriano, destructor de los judíos», *The Tower*, marzo 2016, http://www.thetower.org/article/remembering-hadrian-destroyer-of-the-jews/.
5. David Jeremiah, *Until I Come* (Nashville, TN: Thomas Nelson, 1999), pp. 1-2.
6. Dave Breese, *His Infernal Majesty* (Chicago: Moody, 1973), p. 19.
7. Peyton Shelburne, «Tracking Trust in U.S. Institutions», *Morning Consult*, 12 mayo 2022, https://morningconsult.com/tracking-trust-in-institutions/.
8. Sun Tzu, *El arte de la guerra*, descargado en www.elejandria.com, el 19 julio 2022, p. 11.
9. Citado en *750 Engaging Illustrations for Preachers, Teachers, and Writers*, editado por Craig Brian Larson (Grand Rapids: Baker, 1993), pp. 594-595.
10. Michael Guillen, *Believing Is Seeing* (Carol Stream, IL: Tyndale, 2021), pp. 22-23, 177-178.
11. Agencia France Press, «Jueza de la Corte Suprema de Suecia multada por hurto», *Barron's*, 31 marzo 2022, https://www.barrons.com/news/swedish-supreme-court-justice-fined-for-shoplifting-01648738207.
12. Os Guinness, *Time for Truth* (Grand Rapids: Baker, 2000), pp. 11-12 [*La hora de la verdad* (Barcelona: Andamio, 2002)].
13. John MacArthur, *Verdad en guerra* (Nashville: Grupo Nelson, 2007, 2011), p. xi.
14. Os Guinness, *Time for Truth*, pp. 79-80.

Capítulo 3

1. Chris Hedges, «Lo que toda persona debe saber sobre la guerra», *New York Times*, 6 julio 2003, https://www.nytimes.com/2003/07/06/books/chapters/what-every-person-should-know-about-war.html#:~:text=How%20many%20people%20have%20died,150%20million%20to%201%20billion.
2. C. S. Lewis, *The Joyful Christian* (Nueva York: Touchstone, 1996), p. 214.
3. John Stuart Mill, «The Contest in America», *Fraser's Magazine*, febrero 1862.
4. Margaret MacMillan, *War: How Conflict Shaped Us* (Nueva York: Random House, 2020), pp. 25-26.

5. Winston Churchill, «Su hora más gloriosa», (discurso en la Cámara de los Comunes, 18 junio 1940), MEMORIAL Grego Casanova, https://www.youtube.com/watch?v=XEIQoxpvK1E.
6. Winston Churchill, «Lucharemos en las playas», (discurso en la Cámara de los Comunes, 4 junio 1940), Wikipedia, La enciclopedia libre, https://es.wikipedia.org/wiki/Lucharemos_en_las_playas.
7. Citada en MacMillan, *War,* p. xi.
8. MacMillan, *War*, p. 5.
9. George Gutchess, *The Great Tribulation: An Exposition of Matthew 24* (autopublicado, Westbow Press, 2014), comentario sobre Mateo 24:6.
10. Dr. Arnold G. Fruchtenbaum, *The Footsteps of the Messiah* (San Antonio, TX: Ariel Press, 1982), p. 626.
11. «Desconociendo las amenazas de Putin, Estados Unidos aumenta el apoyo a Ucrania», France 24, 5 enero 2022, https://www.france24.com/en/live-news/20220501-ignoring-putin-s-threats-us-boosts-support-for-ukraine.
12. Evan Osnos, citado en Rush Doshi, *The Long Game: China's Grand Strategy to Displace American Order* (Nueva York: Oxford University Press, 2021), p. 2.
13. Doshi, *The Long Game,* p. 6.
14. «Armas nucleares en todo el mundo», Union of Concerned Scientists, https://www.ucsusa.org/nuclear-weapons/worldwide?utm_source=googlegrants&utm_medium=search&utm_campaign=GSP&gclid=Cj0KCQjw4PKTBhD8ARIsAHChzRIqvsWuR5ATjxzvTznbXFH0irl08Ht1JA13bbki-bxkoKKjGYPs7BoaAgoTEALw_wcB.
15. «Armas nucleares en todo el mundo», Union of Concerned Scientists.
16. M. R. DeHaan, *The Great Society* (Radio Bible Class, 1965), pp. 7-8.
17. Erik Tryggestad, «Los ucranianos cuentan los días mientras oran», *Christian Chronicle*, 13 mayo 2022, https://christianchronicle.org/ukrainians-count-the-days-as-they-pray/.
18. Este relato está adaptado de Jayson Casper, «Alcanzar a la juventud para Cristo durante el golpe de Estado de Sudán», *Christianity Today*, 3 noviembre 2021, https://www.christianitytoday.com/news/2021/november/sudan-coup-christians-youth-for-christ-lebanon-yfc.

html?share=6P8d7Tun5FcAoTH3eD1H6yqJk8Jz6AmG&utm_medium=widgetsocial.

19. Paul David Tripp, *Nuevas misericordias cada mañana* (Medellín: Poiema Publicaciones, publicación electrónica, 2015), pp. 842-843. https://idoc.pub/documents/37-nuevas-misericordias-cada-maana-paul-david-tripppdf-3no09716o5nd.
20. David T. Zabecki, ed., *World War in Europe: An Encyclopedia* (Nueva York: Routledge, 2015), p. 658. Vea también Lynne Olson, *Citizens of London* (Nueva York: Random House, 2010), pp. 46-47.

Capítulo 4

1. Michael Poland, «Se registraron 2.773 terremotos en el área del Parque Nacional de Yellowstone en 2021, según un informe anual», *Idaho Capital Sun*, 3 mayo 2022, https://idahocapitalsun.com/2022/05/03/2773-terremotos-were-recorded-in-the-yellowstone-national-park-area-in-2021-annual-report-says/.
2. Brad Plumer, «¿Qué pasaría si el supervolcán de Yellowstone realmente entrara en erupción?». *Vox*, 15 diciembre 2014, https://www.vox.com/2014/9/5/6108169/yellowstone-supervolcano-eruption.
3. Brad Plumer, «¿Qué pasaría si el supervolcán de Yellowstone...?».
4. «Comparaciones de volcanes», antiguo visitante virtual al Centro, https://www.nps.gov/features/yell/ofvec/exhibits/eruption/volcanoes/compare.htm.
5. Alex de Waal, «El conflicto armado y el desafío del hambre: ¿Hay un final a la vista?». Global Hunger Index, octubre 2015, https://www.globalhungerindex.org/issues-in-focus/2015.html.
6. Matt Murphy, «La invasión de Ucrania podría causar una crisis alimentaria mundial, advierte la ONU», BBC News, 19 mayo 2022, https://www.bbc.com/news/world-europe-61503049.
7. «Hunger Is Spreading Outward from Ukraine», UN World Food Program USA, https://www.wfpusa.org/.
8. «A medida que los neoyorquinos luchan con el aumento de los costos de los alimentos y otras necesidades, las tasas de inseguridad alimentaria en la ciudad permanecen cerca de máximos históricos», City Harvest, https://www.cityharvest.org/food-insecurity/?gclid=C

jwKCAjwtcCVBhA0EiwAT1fY7-bTEZBj8CE9pI9lOja-X9np8gxErP DDpYcZTddfhu56F6riKwLHjBoCTZQQAvD_BwE.

9. John Ferrari, «La vergüenza de Estados Unidos: alrededor del 14 por ciento de las familias militares padecen inseguridad alimentaria», *The Hill*, 19 junio 2022, https://thehill.com/opinion/national-security/3524996-americas-shame-about-14-percent-of-military-families-are-food-insecure/.
10. Robert Griffiths, «Con el aumento de los precios de los alimentos, la ONU advierte sobre la paralizante escasez mundial», NPR, 23 mayo 2022, https://www.npr.org/2022/05/23/1100592132/united-nations-food-shortages.
11. Fid Backhouse, «plaga de Justiniano», https://www.britannica.com/event/plague-of-Justinian/additional-info#history.
12. Keith Carlson, «Pandemias en la historia», *Nursing CE*, 16 junio 2020, https://www.nursingce.com/blog/pandemics-in-history/.
13. Nicholas LePan, «Visualizing the History of Pandemics», *Visual Capitalist*, 14 marzo 2020, https://www.visualcapitalist.com/history-of-pandemics-deadliest/.
14. Fazel Rahman Faizi, «Al menos mil muertos en el terremoto de Afganistán», PBSNewsHour, 22 junio 2022, https://www.pbs.org/newshour/world/at-least-1000-dead-in-afghanistan-earthquake.
15. Kathryn Schultz, «The Really Big One», New Yorker, 13 julio 2015, https://www.newyorker.com/magazine/2015/07/20/the-really-big-one.
16. Schulz, «El realmente grande», New Yorker.
17. Anna Kay Scott, *An Autobiography of Anna Kay Scott* (publicado por la autora en Chicago, 1917), pp. 34-35.
18. Bethany DuVal, «Un huracán destruyó su vecindario y la llevó a Cristo», Team, https://team.org/blog/hurricane-led-her-to-christ.
19. Jade Scipioni, «Lecciones de vida de una joven de ciento dos años que sobrevivió al COVID, la gripe española y dos tipos de cáncer», CNBC, 11 agosto 2020, https://www.cnbc.com/2020/08/11/lessons-from-102-year-old-who-survived-covid-flu-pandemic-cancer.html.
20. D. A. Carson, *Basics for Believers: An Exposition of Philippians* (Grand Rapids: Baker, 1996), p. 93.
21. Pastor Eric Foley, «Ucrania: El líder de la iglesia y sus diecinueve hijos hornean una tonelada de pan y comparten el evangelio en

zona de guerra», Do the Word, 5 abril 2022, https://dotheword.org/2022/04/05/ukraine-church-leader-and-his-19-children-bake-one-ton-of-bread-share-gospel-in-war-zone/.

22. Sharyn Alfonsi, «"El único gran temor que tengo es no tener éxito": Jacob Smith, legalmente ciego de quince años, destrozando las expectativas en el esquí freeride», CBS News, 6 marzo 2022, https://www.cbsnews.com/news/jacob-smith-blind-freeride-skiing-60-minutes-2022-03-06/.

Capítulo 5

1. Andrew Brunson con Craig Borlase, *El rehén de Dios* (España: Preciosa Sangre, versión electrónica, 2021), p. 90.
2. Brunson y Borlase, *El rehén de Dios*, p. 195.
3. Brunson y Borlase, *El rehén de Dios*, p. 76.
4. Brunson y Borlase, *El rehén de Dios*, p. 249.
5. «"Hostilidad hacia las personas que abrazan a Jesucristo": el pastor Brunson predice una intensificación de la persecución de los cristianos estadounidenses», CBN News, 10 diciembre 2020, https://www1.cbn.com/cbnnews/us/2020/december/hostility-toward-people-who-embrace-jesus-christ-pastor-brunson-predicts-intensified-persecution-of-us-christians.
6. Bruce L. Shelley, *Church History in Plain Language* (Waco, TX: Word, 1982), p. 56.
7. Dr. Todd M. Johnson, «Martirio cristiano: ¿Quién? ¿Por qué? ¿Cómo?». Gordon Conwell Theological Seminary, 18 diciembre 2019, https://www.gordonconwell.edu/blog/christian-martyrdom-who-why-how/.
8. John L. Allen Jr., *The Global War on Christians* (Nueva York: Crown, 2013), p. 1.
9. «Los 50 países donde seguir a Cristo puede costar la vida», Puertas Abiertas, https://puertasabiertasal.org/persecucion-de-cristianos/lista-mundial/perfil-de-paises.
10. Anugrah Kumar, «China cierra popular sitio web cristiano en medio de la represión contra grupos religiosos», *Christian Post*, 30 abril 2022, https://www.christianpost.com/news/china-shuts-down-popular-christian-website.html.
11. Kumar, «China cierra popular sitio web cristiano», *Christian Post*.

12. *Morning Star News* Nigeria Correspondent, «Pastores fulani y otros matan a dieciocho cristianos en el norte de Nigeria», Christian Headlines, 2 mayo 2022, https://www.christianheadlines.com/blog/herdsmen-and-others-kill-18-christians-in-northern-nigeria.html.
13. *Morning Star News* East Africa Correspondent, «Director de escuela islámica quemado, despedido por convertirse al cristianismo», Christian Headlines, 18 abril 2022, https://www.christianheadlines.com/blog/head-of-islamic-school-burned-fired-for-becoming-christian.html.
14. «La familia cristiana Hmong pierde los derechos de ciudadanía debido a la fe», International Christian Concern, 24 junio 2022, https://www.persecution.org/2022/06/24/hmong-christian-family-loses-citizenship-rights-due-faith/.
15. «Pastor indio torturado bajo custodia policial», International Christian Concern, 25 abril 2022, https://www.persecution.org/2022/04/25/indian-pastor-tortured-police-custody/.
16. Sarah Mae Saliong, «Cuatro cristianos venezolanos obligados a comer sus Biblias», *Open Doors*, 26 febrero 2021, https://www.opendoorsuk.org/news/latest-news/venezuela-christians-bibles/.
17. Carl y Marsha Mueller, «Palabras de Carl y Marsha Mueller», Misión Permanente de Observación de la Santa Sede ante las Naciones Unidas», 28 abril 2016, https://holyseemission.org/contents//events/5723cc24e92a84.35067264.php.
18. Jim Denison, «La increíble fe de la mártir de ISIS Kayla Mueller», Christian Headlines, 26 agosto 2016, https://www.christianheadlines.com/columnists/denison-forum/isis-martyr-kayla-mueller-s-amazing-faith.html.
19. Mueller, «Palabras de Carl y Marsha Mueller».
20. Michael A. Fletcher, «Cómo un desconocido entrenador de fútbol americano de la escuela secundaria aterrizó en el centro de un caso de libertad religiosa de la Corte Suprema», ESPN, 25 abril 2022, https://www.espn.com/espn/story/_/id/33783970/how-unknown-high-school-football-coach-landed-center-supreme-court-religious-liberty-case.
21. Todd Nettleton, *When Faith Is Forbidden* (Chicago: Moody, 2021), pp. 116-117.

22. Walter A. Elwell y Philip W. Comfort, eds. *Tyndale Bible Dictionary* (Wheaton, IL: Tyndale House, 2001), p. 336.
23. R. Kent Hughes, *Acts: The Church Afire* (Wheaton, IL: Crossway, 1996), p. 216.
24. John Foxe y Harold J. Chadwick, *The New Foxe's Book of Martyrs* (Gainesville, FL: Bridge-Logos, 2001), p. 348.
25. DC Talk and The Voice of the Martyrs, *Jesus Freaks* (Bloomington, MN: Bethany House, 2020), pp. 54-56.
26. Brunson y Borlase, *El rehén de Dios*, pp. 210-211.

Capítulo 6

1. History.com editor, «Robert Hanssen, agente del FBI convertido en espía ruso, es condenado a cadena perpetua», History, May 9, 2022, https://www.history.com/this-day-in-history/robert-hanssen-fbi-russian-spy-sentenced.
2. Elizabeth Nix, «Robert Hanssen: traidor americano», History, actualizado 10 abril 2019, https://www.history.com/news/robert-hanssen-american-traitor.
3. Louis J. Freeh, «Veterano agente del FBI arrestado y acusado de espionaje», FBI.gov, 21 febrero 2001, https://archives.fbi.gov/archives/news/pressrel/press-releases/veteran-fbi-agent-arrested-and-charged-with-espionage.
4. Les Parrott, *High-Maintenance Relationships* (Wheaton, IL: Tyndale House, 1996), p. 95.
5. Phil Waldrep, *Beyond Betrayal* (Eugene, OR: Harvest House, 2020), p. 16.
6. Doha Roots Spanish, «Mujer no dispuesta a perdonar la traición y el abandono de sus padres», *Chicago Sun Times* 16 agosto 2022, https://doharoots.com/es/mujer-no-dispuesta-a-perdonar-la-traicion-y-el-abandono-de-sus-padres/.
7. Gordon Fee, *1 & 2 Timothy, Titus* (Grand Rapids: Baker, 1988), pp. 4-5, 296.
8. Richard Wurmbrand, *Torturado por Cristo* (La iglesia mártir de hoy, https://docplayer.es/15175377-La-iglesia-martir-de-hoy-torturado-por-cristo-richard-wurmbrand.html), p. 27
9. Wurmbrand, *Torturado por Cristo*, p. 29.

10. «John Wycliffe», *Christian History,* Edición julio/agosto 2022, https://www.christianitytoday.com/history/people/moversandshakers/john-wycliffe.html.
11. Anne Lim, «Durante un tiempo lóbrego, Ashley se volvió a Cristo, ahora quiere brillar su luz», Eternity News, 2 junio 2022, https://www.eternitynews.com.au/australia/during-a-dark-time-ashley-turned-to-christ-now-he-wants-to-shine-his-light/.
12. «El consejo de Walter Orthmann, el hombre de cien años que obtuvo el Récord Guinness de mayor antigüedad en la misma empresa», *Infobae*, 7 mayo 2022, https://www.infobae.com/america/america-latina/2022/05/07/el-consejo-de-walter-orthmann-el-hombre-de-100-anos-que-obtuvo-el-record-guinness-de-mayor-antiguedad-en-la-misma-empresa/.
13. Abraham Lincoln, citado en Haddon Robinson, «Una receta para los desafiados espiritualmente», *Preaching Today*, https://www.preachingtoday.com/sermons/sermons/2011/january/prescriptionspiritchalngd.html.
14. Citado en Haddon Robinson, «Una receta para los desafiados espiritualmente».
15. «Dale Rhoton: "Dios es capaz de triunfar"», Voice of the Martyrs: VOM Radio, https://soundcloud.com/the-voice-of-the-martyrs/dale-rhoton-god-is-able-to-triumph.
16. Ben Johnson, «Greyfriars Bobby», Historic UK, https://www.historic-uk.com/HistoryUK/HistoryofScotland/Greyfriars-Bobby/.

Capítulo 7

1. Joe Parkinson, Ana Sasani y Drew Hinshaw, «Hombre cae en Afganistán: la estrella de fútbol de diecisiete años que se precipitó desde un avión militar estadounidense», *Wall Street Journal,* 24 agosto 2021, https://www.wsj.com/articles/afghanistans-falling-man-the-17-year-old-soccer-star-who-plunged-from-a-u-s-military-jet-11629834591; Kathy Gannon, «Después que los afganos cayeran del avión, las familias viven con horror», *Associated Press*, 21 septiembre, 2021, https://apnews.com/article/soccer-sports-afghanistan-middle-east-kabul-58a4e0a9c6343ab78a1985df31e2d729.

2. Dietrich Bonhoeffer, *Vida en comunidad* (Salamanca, España: Ediciones Sígueme, 2003, novena edición), p. 114.
3. Frederick Dale Bruner, *Matthew: A Commentary—Volume 2: The Churchbook: Matthew 13-28* (Grand Rapids: William B. Eerdmans, 2004), edición Kindle.
4. Julia Marnin, «Profesor de neurociencia removido de la discusión de la APA después de decir que solo hay dos sexos», *Newsweek*, 14 mayo 2021, https://www.newsweek.com/neuroscience-professor-removed-apa-discussion-after-saying-there-are-only-two-genders-1591697.
5. Ryan Foley, «El Departamento de Justicia es criticado por comparar a los padres preocupados con terroristas domésticos», *Christian Post*, 6 octubre 2021, https://www.christianpost.com/news/doj-slammed-for-likening-concerned-parents-to-domestic-terrorists.html.
6. «Las autoridades respondieron a treinta y siete incendios en Kenosha en la segunda noche de protestas, uno "casi arrasa varias cuadras de la ciudad"», *Fox6 Milwaukee*, 25 agosto 2020, https://www.fox6now.com/news/officials-responded-to-37-fires-in-kenosha-on-2nd-night-of-protests-1-nearly-leveled-several-city-blocks.
7. Dakin Andone, Steve Almasy y Curt Devine, «Lo que sabemos sobre el sospechoso del tiroteo de Highland Park», CNN, actualizado el 7 julio 2022, https://www.cnn.com/2022/07/05/us/robert-e-crimo-highland-park-suspect/index.html.
8. «Soledad en Estados Unidos: cómo la pandemia ha profundizado una epidemia de soledad y qué podemos hacer al respecto», Making Caring Common Project, Universidad Harvard, febrero 2021, https://mcc.gse.harvard.edu/reports/loneliness-in-america.
9. «Las "enfermedades de la desesperación" se han disparado en la última década en Estados Unidos», *BMJ*, 11 septiembre, 2020, https://www.bmj.com/company/newsroom/diseases-of-despair-have-soared-over-past-decade-in-us/.
10. James Bryan Smith, *Rich Mullins: A Devotional Biography* (Nashville: B&H, 2000), p. 25.
11. Smith, *Rich Mullins*, p. 65.
12. Smith, *Rich Mullins*, p. 65.
13. Smith, *Rich Mullins,* p. 67.
14. Michael J. Mantel, «Todos podemos ayudar ahora mismo», *Christianity Today*, 22 abril 2022, https://www.christianitytoday.

com/better-samaritan/2022/april/we-all-can-help-right-now-three-simple-ways-to-serve-with-i.html.

15. Bailey LeFever, «El viaje pandémico de la mujer de Florida la lleva de lavaplatos a activista política», *Tampa Bay Times*, 28 mayo 2021, https://www.tampabay.com/news/health/2021/05/28/florida-womans-pandemic-journey-takes-her-from-dishwasher-to-political-activist/.
16. Allison Klein, «Cartera perdida devuelta, con algo extra dentro», *Washington Post*, 27 noviembre 2018, https://www.washingtonpost.com/lifestyle/2018/11/27/lost-wallet-returned-with-something-extra-inside/.
17. Shiloh Lane, «Aprendiz terrorista encuentra a Cristo», Baptist Press, 8 septiembre, 2011, https://www.baptistpress.com/resource-library/news/terrorist-trainee-finds-christ/. Por motivos de seguridad se cambió el nombre.

Capítulo 8

1. «Billy Graham y los evangelistas descalzos», *Christianity Today*, 11 julio 1986, https://www.christianitytoday.com/ct/1986/july-11/billy-graham-and-barefoot-evangelists.html.
2. «Bandera de Ámsterdam 1986», The Billy Graham Library, 7 julio 2016, https://billygrahamlibrary.org/amsterdam-1986-banner/.
3. Adaptado de Michael Card, *Immanuel: Reflections of the Life of Christ* (Nashville, TN: Thomas Nelson, 1990), pp. 172-174.
4. J. B. McClure, *Moody's Anecdotes and Illustrations* (Londres: Wakefield, 1887), p. 47.
5. Brenda Kis, «Cuando No dijo "Sí"», *ASAP Ministries*, https://www.asapministries.org/stories/when-no-said-yes.
6. «Estadísticas mundiales», Joshua Project, https://joshuaproject.net/people_groups/statistics.
7. «Informe de la BBC destaca la importancia de la Biblia para los soldados de la Primera Guerra Mundial», Bible Society, 25 mayo 2021, https://www.biblesociety.org.uk/latest/news/bbc-report-highlights-importance-of-bible-to-ww1-soldiers/.
8. Jayson Casper, «Las iglesias de Azerbaiyán explican su evangelismo», *Christianity Today*, 1 abril 2022, https://www.christianitytoday.

com/news/2022/april/azerbaijan-churches-evangelicals-orthodox-evangelism-conver.html.

9. Garrett Kell, «La postura que salvó mi alma», *All Things for Good,* http://garrettkell.com/the-stand-that-saved-my-soul/.
10. Garrett Kell, «Cuando Dios me persiguió», The Gospel Coalition, 20 abril 2016, https://www.thegospelcoalition.org/article/when-god-chased-me/.
11. Bob Griffin, *Cleared for Takeoff* (Traverse City, MI: Harvest Day Books, 2007), pp. 99-100.
12. Danielle Hendrix, «El exentrenador de Winter Garden Squeeze se dirige a ligas menores», *Orange Observer*, 19 octubre 2016, https://www.orangeobserver.com/article/former-winter-garden-squeeze-coach-heads-to-minor-leagues.
13. Adaptado de Thomas Chandler, hijo, *From Farm Boy to Global Ambassador* (autopublicado); Tom Chandler, «From Farm Boy to Global Ambassador», Grace News, enero 2018, https://www.csmedia1.com/english.gracebaptistchurch.sg/gracenews2018q1-web.pdf; Caleb Yap, «Fallecimiento de Thomas "Tom" Chandler», *Grace Baptist Church*, 24 enero 2020, https://english.gracebaptistchurch.sg/blog/post/passing-of-thomas--tom--chandler.
14. Philip Schaff, *History of the Christian Church, Vol 2: Ante-Nicene Christianity* (Grand Rapids: Eerdmans, 1910), p. 20.
15. Chuck Sligh, «Por qué quiero tener un papel importante en las misiones», Sermon Central, 26 febrero 2012, https://www.sermoncentral.com/sermons/why-i-want-to-have-a-big-part-in-missions-chuck-sligh-sermon-on-missions-164924?page=2&wc=800.
16. Pat Kruis, «Misionero de Madrás, secuestrado en Haití, cuenta su historia», *Portland Tribune*, 5 enero 2022, https://www.koin.com/news/madras-missionary-held-hostage-in-haiti-tells-his-story/.

Capítulo 9

1. Hay desiertos fríos más grandes en la Antártida y el Ártico, pero el uso popular no los considera desiertos. Vea Rachel Ross, «El Sahara: el desierto caliente más grande de la Tierra», 24 febrero 2022, LiveScience, https://www.livescience.com/23140-sahara-desert.html

2. Graham Bensinger, «Recorrer el Sahara, más que un reto personal», ESPN (6 abril 2007), https://www.espn.com/olympics/news/story?id=2828299.
3. Lisa Jhung, «Corrió el Sahara», *Runner's World* (8 mayo 2009), https://www.runnersworld.com/runners-stories/a20800083/charlie-engle-of-running-the-sahara/.
4. Jeffrey Gettleman y Suhasini Raj, «Arrestos, palizas y oraciones secretas: dentro de la persecución de los cristianos de la India», *New York Times*, 22 diciembre 2021, https://www.nytimes.com/2021/12/22/world/asia/india-christians-attacked.html.
5. Juyanne James, *Table Scraps* (Eugene, OR: Resource Publications, 2019), pp. 64-65.
6. Luis Blanco, «Shizo Kanakuri, el atleta desaparecido y el maratón más largo de la historia», carreraspopulares.com, https://www.carreraspopulares.com/noticia/kanakuri-el-atleta-desaparecido-y-el-maraton-mas-largo-de-la-historia-.

Epílogo

1. Søren Kierkegaard, *O lo uno o lo otro,* editado por Victor Eremita, 20 marzo 2017, https://kupdf.net/download/o-lo-uno-o-lo-otro-kierkegaard_58cf722fdc0d602239c34668_pdf. p. 26.

Reconocimientos

Con cada proyecto de escritura a lo largo de mi carrera como escritor he trabajado con personas increíbles que se me han unido para ayudarme a lograr mi objetivo para cada libro. Eso es lo que sin duda ha sucedido con *El mundo del fin.*

Como suele ocurrir, el viaje comenzó en conversaciones con mi esposa, Donna. Ella escucha mis ideas y me anima a seguir mis instintos. Donna y yo hemos vivido y ministrado juntos durante cincuenta y nueve años. ¡Mi mayor bendición!

Beau Sager es el siguiente protagonista más importante del equipo. Ha sido mi asistente de investigación durante trece años, y no sería posible escribir libros sin su diestra ayuda.

Rob Morgan y Sam O'Neal también trabajaron con nosotros en este proyecto. Son dos de los hombres más entendidos y de corazón más servicial que conozco, y estoy muy agradecido por su amistad y apoyo.

Damon Reiss, nuestro editor, nos animó positivamente en muchos días en que yo estaba seguro de que no podríamos terminar el manuscrito a tiempo.

Sealy Yates, mi agente literario durante muchos años, me ha brindado su habitual entusiasmo y experiencia.

Diane Sutherland y Beth Anne Hewett dirigen mi oficina ministerial.

Mi hijo mayor, David Michael, se convirtió este año en presidente de nuestro ministerio de medios de comunicación y nos dirigió en el año de mayor crecimiento en nuestra historia de cuarenta años, y eso incluye una distribución récord de nuestros libros.

Paul Joiner sigue encontrando nuevas y más creativas formas de promover nuestros títulos, y este año hemos establecido nuevos récords en YouTube y otras plataformas de redes sociales.

Me siento totalmente honrado y bendecido por todas estas personas extraordinarias. ¡Gracias a todos ustedes!

Acerca del autor

El doctor DAVID JEREMIAH es el fundador de Momento Decisivo, un ministerio internacional comprometido a proporcionar a los cristianos una sólida enseñanza bíblica a través de la radio y la televisión, de la Internet, de eventos en vivo, y materiales y libros de consulta. Es autor de más de cincuenta obras, entre ellas *Agentes del Apocalipsis, ¿A qué le tienes miedo?, Momento decisivo, Dios te ama, El Armagedón económico venidero.*

El doctor Jeremiah sirve como el pastor principal de la iglesia Shadow Mountain Community en El Cajón, California. Él y su esposa, Donna, tienen cuatro hijos adultos y doce nietos.

Manténgase conectado con la enseñanza del

DR. DAVID JEREMIAH

•••••••••

Publicaciones | Radio | Televisión | En línea

Libros escritos por David Jeremiah

• • • • • • • • •

Adelante
Todo lo que necesitas
Dios no te olvidó
El libro de las señales
¿Hacia dónde vamos ahora?
Vive confiado en un mundo caótico
Vencedores
Una vida más que maravillosa
¿Es este el fin?
La escritura en la pared
En busca del cielo en la tierra
Mientras el Señor regresa
Cautivados por la gracia
Escape de la noche que viene
Regalos de Dios
Aplaste a los gigantes que hay en su vida
¿Qué le pasa al mundo?